이 책이 당신의 길에 작은 등불이 되기를.

저자 강신욱

**알면
쓸**데있는
세금
잡학사전

Contents

알면 쓸데있는 세금 잡학사전

저자 : 강신욱

프롤로그 세금, 어떻게 해야 절세할 수 있을까?

01
창업을 위한 첫 단계. 사업자등록 신청하기

1. 개인사업자와 법인사업자 중 무엇이 유리할까? ········ 20
2. 업태와 종목이 가장 중요하다고? ······················· 26
3. 일반과세자로 신청할까? 간이과세자로 신청할까? ···· 30
4. 개인사업자 사업자등록 신청은 어떻게 하나? ········· 34
5. '확정일자' 받아 상가 보증금 보호하자. ················ 39
6. 사업자 등록 후 바로 해야 할 9가지 ····················· 43
7. 안전한 명의대여는 없다. ································ 48

02
똑똑한 절세, 부가가치세

1. 부가가치세란? ·· 54
2. 세금계산서의 역할과 중간지급조건부 ················· 57
3. 부가가치세 공제되는 항목과 안되는 항목 제대로 알자. ································ 62
4. 간이과세자 부가세 실무 ································· 66
5. 거래처가 부도 났는데, 부가세는 어떻게 되나요? ····· 71
6. 사업을 그만둘 때에도 세금을 고민해야 한다. ········ 77

Contents

03
아는 만큼 절세하는 종합소득세

1. 종합소득세 신고시 합산하여야 하는 소득은? 84
2. 나에게 맞는 종합소득세 신고 유형 찾기 88
3. 업무용 자동차, 어디까지 비용 처리할 수 있나? 93
4. 종합소득세 절세방법 11가지 알아보기 98
5. 성실신고확인 대상자 혜택과 절세방안 104
6. 근로자도 알아야 할 종합소득세 108

04
절세의 기술, 법인세

1. 법인 설립시 결정해야 할 다섯 가지 알아보기 114
2. 법인 정관만 잘 작성해도 세금 줄일 수 있다. 120
3. 임원퇴직금 지급시 유의해야 할 것들 125
4. 과점주주 세금이슈, 제2차 납세의무 129
5. 과점주주 세금이슈, 간주취득세 135
6. 가지급금의 폐해와 해결방법 139
7. 가수금의 실체와 해결방법 144

Contents

05 꼭 알아야 하는 양도소득세

1. 비과세는 가장 큰 혜택이다. ············· 150
2. 2주택 보유자에 대한 비과세 - 상속주택편 ········· 155
3. 다가구주택, 다세대주택 세금이 다르다고? ········· 160
4. 분양권 관련 세금 이슈 총정리 ············· 164
5. 8년 자경농지는 양도하면 세금이 감면된다. ········· 168
6. 이혼에 따른 재산분할에 대한 세금은? ············· 173
7. 해외주식 양도소득세 절세팁 3가지 ············· 178

06 증여세 완전 분석

1. 언제 증여하면 좋을까? ············· 186
2. 증여세 걱정 없는 차용증 작성하기 ············· 192
3. 가족끼리 부동산을 저렴하게 매매할 수 있을까? ···· 197
4. 증여세 줄이기 '부담부 증여' ············· 203
5. 혼인 및 출산시 재산 증여 1억원 공제 ············· 207
6. 창업자금 증여시 세금혜택 ············· 213
7. 가업승계 지원제도-증여세편 ············· 217

Contents

07 상속세 완전 분석

1. 상속순위와 대습상속 ·· 224
2. 상속세 신고절차 및 납부방식 ································· 229
3. 사전증여와 보험가입을 통한 상속세 재원 마련 방법·· 233
4. 상속 개시 전 재산 처분 및 예금 인출에 대한 유의점·· 239
5. 국세청에서 어떤 경우 감정평가하여 과세하는가?·· 243
6. 협의분할을 통한 상속세 절감 방법 ························ 247
7. 가업승계 지원제도-상속세편 ···································· 253

08 세무사가 알려주는 기타 잡학사전

1. 맞벌이 부부의 연말정산 전략 ·································· 260
2. 해외금융 계좌 신고제도 ·· 266
3. 종업원분 주민세 ·· 270
4. 5인 미만 사업장에 적용되는 근로기준법 ············ 274
5. 주주총회 결의 종류와 결의요건 ······························ 279

추천의 글

알면 알수록 돈을 버는 세금 노하우

답이 바로 이 책에 있다!
세금은 모든 개인과 기업이 직면하는 과제이지만, 세금 그 자체가 주는 복잡함과 중압감, 그리고 어렵다는 선입관 때문에 일반인들이 최적의 절세 전략을 세우기 어렵다.

저자에게 주변의 복잡한 세무 문제를 의뢰했을 때, 오랜 경험을 통한 통찰력과 노하우를 몸으로 체득한 바 있었는데, 마침 이번에 책을 내게 되어 정말 유용할 것으로 생각된다. 이 책은 18년 동안 현장에서 세무를 다뤄 온 전문가가 실무 경험을 바탕으로 집필하여 단순한 이론서가 아니라 현실에서 바로 적용할 수 있는 방안들을 아주 쉽게 정리해두어 원고를 받고서는 소설을 보듯이 손에 놓지 못하고 단숨에 볼 수 있었다. 이는 경제신문에 기고한 내용을 다시 체계적으로 알차게 정리하여 꾸민 정성 때문으로 판단된다.

특히 저자는 몰라서 입는 손해를 줄이겠다는 훌륭한 의도로 이 책을 썼다. 이는 창업지원전문기관에서도 챙기기 힘든 창업 후 초기 자산관리와 세금문제를 쉽게 정리해줘 사업의 성공 가능성을 높이는 방안이 될 것으로 보이고, 부가가치세, 종합소득세, 법인세, 양도소득세, 증여세, 상속세 등 분야에서 실제 사례를 바탕으로 다양한 상황에 맞는 맞춤화된 '세금 테크'를 쉽게 설명되어 있다. 따라서 독자들은 이 책을 읽으면서 여태껏 자신이 낸 세금에서 줄일 수 있는 것은 없었나, 또 앞으로 어떻게 하면 세금을 줄일 수 있나 하는 것을 쉽게 찾아낼 수 있을 것이다.

이 책을 통해 독자들이 현명한 세금생활인이 되고, '세테크'와 '재테크'를 넘어 장기적인 재무전략을 수립하는 기회를 가질 것으로 기대된다.

2025년 3월

울산창조경제혁신센터 대표이사 김헌성

세금! 그 녀석은 마치 그림자처럼 늘 우리를 졸졸 따라다닌다. 창업을 시작하는 사람들은 희망과 설렘으로 가득하지만, 세금 문제만 떠올리면 머리가 지끈거린다. 개인사업자와 법인사업자, 일반과세자와 간이과세자 사이에서 고민해야 하는 순간마다, 복잡한 세금의 실타래를 깔끔하게 정리해 주는 책이 있다. 바로 강신욱 세무사의 《알면 쓸데있는 세금 잡학사전》이다.

이 책의 가장 큰 매력은 '세금=복잡함'이라는 편견을 깨뜨린다는 점. 마치 세금전문가가 옆에서 속 시원하게 알려주는 느낌을 준다. 가벼운 입담 속에 핵심이 정확하게 담겨있어, 읽다 보면 "어? 나도 할 수 있겠는데?" 하는 자신감이 생긴다.

이제 주변에서 누가 개업을 한다면, 몇만 원짜리 화분 대신 《알면 쓸데있는 세금 잡학사전》을 선물해보자. 실속있고, 평생 도움되는 선물이 될 테니.

     이남우 (울산과학대학교 교수, (사)한국세무회계학회장)

이 책은 좋은 아이디어를 갖고 창업을 하려는 사람, 이미 창업을 하여 기업을 운영하고 있는 사업가, 별도의 사업을 하지 않는 직장인이나 전업주부 등이 살아가면서 마주치게 되는 세금 문제들이 어떤 것인지, 그리고 그 문제들을 해결하는 방안은 무엇인지를 알기 쉽게 설명해 주고 있는 책이다. 즉, 조세전문가가 아니라 조세를 전혀 모르는 일반인들이 궁금해하는 세금 문제들을 구체적으로 파악하여 그 궁금증을 해결하는 방안을 제시해 주는 책이다.

세무사로서 실무를 하면서 책을 쓴다는 것은 정말 어려운 일이다. 실무가로서의 바쁜 생활 속에서도 저자는 세법을 공부하지 않은 일반인들이 일상생활 속에서 궁금해하는 세금 문제들을 잘 파악하여 스스로 그 해결방안을 찾을 수 있도록 안내하는 책을 출간하였다. 이런 점에서 저자의 열정에 박수를 보낸다.

2025년 3월 초

법무법인(유) 태평양 유철형 변호사
(기획재정부 고문변호사, 행정안전부 고문변호사, 전 국세청 고문변호사)

방송국 사람들이 과연 세법을 알아야 할까? 정답은 '꼭 알아야 한다'이다. 9년쯤 전의 일이다. 뉴스를 만드는 보도국에서 회사의 먹거리를 책임지는 사업국으로 자리를 옮긴 나는 어렵게 수주한 제10회 울산장미축제를 아주 성황리에 잘 마쳤다. 울산대공원 장미원에서 펼쳐진 축제에 성악가 조수미와 폴 포츠 콘서트 등을 유치하면서 30만 명에 육박하는 관람객이 다녀가 대성공을 거뒀다. 그러나 몇 개월 후에 행사 담당자는 해고됐고 팀장인 나와 국장은 '보직해임'이라는 중징계를 받았다. 행사 비용에 부가가치세 10%를 반영하지 않아 정산 결과 큰 손해가 발생했기 때문이었다. 행사는 성공적으로 치렀지만 오히려 회사에 손해를 입힌 것이었다. 기자 생활만 했던 나는 부가가치세 개념을 잘 몰랐고 기획사에서 팀원으로 근무하다 입사한 담당자도 부가가치세를 제대로 몰랐던 탓이었다.

이처럼 자본주의 사회에서의 경제활동에는 어느 분야든, 언제든 세금 문제를 피해 갈 수는 없다. 강신욱 세무사는 18년에 걸친 실무 경험으로 일목요연하게 정리한 이 책이 독자 여러분들에게는 저 같은 우를 범하지 않는 최고의 길라잡이가 될 것을 확신한다.

ubc 울산방송 상무 선우석

2025년 친절한 세무사. 강신욱과 만나다

알면 쓸데있는 세금 잡학사전 - 친절하고 실용적인 세금 안내서

이 책의 가장 큰 장점은 세금이라는 주제를 누구나 이해할 수 있도록 쉽게 풀어냈다는 점이다. 보통 세금 관련 책들은 법률 용어나 회계 용어가 많아 일반인들이 접근하기 어렵지만, 이 책은 꼭 필요한 핵심 개념을 명확하게 설명하면서도 강신욱 세무사 특유의 친절한 문체로 독자들에게 다가간다. 또한, 실제 사례를 바탕으로 한 설명과 실용적인 팁이 곳곳에 담겨 있어, 단순한 이론서가 아니라 현실에서 바로 적용할 수 있는 실질적인 가이드 역할을 한다.

저자는 오랫동안 울산에서 세무사로 활동하며 법인 및 개인 사업자들에게 실질적인 도움을 주고 있을 뿐만 아니라, 지역 사회를 위해 다양한 활동을 해온 인물이다. 이번 책에서도 저자의 정체성과 경험이 고스란히 담겨 있다. 단순히 세무 지식을 전달하는 것이 아니라, 지역에서 새로운 도전을 시작하는 사람들이 세금 문제로 어려움을 겪지 않도록 돕고자 하는 따뜻한 마음이 느껴진다.

울산 외국인주민센터장 박유리

프롤로그

세금은 우리의 경제활동과 뗄래야 뗄 수 없는 요소이다. 개인이든 기업이든, 경제적 의사결정을 할 때마다 세금이 영향을 미치기 때문이다. 하지만 많은 분들이 세법을 어렵고 복잡하게 느껴 쉽게 접근하지 못하는 경우가 많다. 그러다 보니 세금은 어쩔 수 없이 부담해야 하는 비용으로만 인식되거나, 제대로 알지 못해 예상치 못한 세금 문제를 겪기도 한다.

나는 세무사로서 18년 동안 수많은 고객님들과 함께하며, 세금이 단순한 비용이 아니라 현명하게 관리하면 자산을 지키고 성장시킬 수 있는 중요한 요소라는 것을 깨달았다. 세금 관리는 단순한 절세를 넘어, 장기적인 재무 전략의 일부가 되어야 한다. 하지만 많은 분들이 세법에 대한 명확한 이해 없이 전문가의 도움에만 의존하거나, 반대로 무지한 상태에서 세무 문제를 방치하다가 큰 손실을 입기도 한다.

이 책을 집필하게 된 가장 큰 이유는, 누구나 세법을 보다 쉽게 이해하고 실무적으로 활용할 수 있도록 돕고 싶었기 때문이다. 세법은 어렵고 복잡하지만, 기본 개념과 원리를 이해하면 생각보다 훨씬 유용하게 활용할 수 있다. 특히, 창업을 준비하는 분들부터 사업을 운영하는 기업가, 부동산 투자자, 그리고 상속·증여를 고민하는 분들까지, 세법은 각자의 상황에 따라 다르게 적용되며 중요한 영향을 미친다.

창업을 준비하는 분들에게 가장 중요한 것은 초기 자금 관리와 세금 문제이다. 처음부터 올바른 세금 관리를 하지 않으면, 예상치 못한 세금 부담이 사업의 지속가능성을 위협할 수 있다. 사업자 등록부터 매출 신고, 부가가치세, 소득세·법인세까지, 창업자가 꼭 알아야 할 핵심적인 세금 지식을 이 책에서 정리했다. 사업 초기에는 세금보다 매출을 높이는 것이 중요하다고 생각하기 쉽지만, 효과적인 세무 관리를 통해 절세 전략을 미리 세운다면, 사업의 안정성과 지속가능성을 높일 수 있다.

부동산이나 주식 등 자산을 매매할 때 발생하는 양도소득세는 많은 사람들이 예상보다 큰 세금 부담을 느끼는 부분이다. 특히 부동산 투자자나 주식 투자자들은 양도소득세의 계산 방식과 절세 방법을 미리 알고 있어야 한다. 단순히 자산을 매도하는 것이 아니라, 절세를 고려한 매도 시점과 방식을 선택하는 것이 중요하다. 이 책에서는 양도소득세의 기본 개념부터 절세 전략까지, 실제 사례를 바탕으로 상세히 설명했다.

또한, 자산을 다음 세대에 물려주는 과정에서도 세금은 중요한 역할을 한다. 상속세와 증여세는 단순히 재산을 주고받는 문제를 넘어, 가족 간의 재산 계획과도 밀접한 관련이 있다. 많은 분들이 상속과 증여를 고려할 때 세금 문제를 간과하는 경우가 많지만, 사전에 전략을 세우면 큰 절세 효과를 얻을 수 있다. 증여 시기와 방식, 가업 승계를 고려한 세금 계획까지, 다양한 상황에 맞는 맞춤형 세금 테크를 설명했다.

세금은 피할 수 없는 현실이지만, 제대로 알고 준비하면 충분히 관리할 수 있다. 이 책은 세법을 쉽게 설명하는 데 초점을 맞추었으며, 초보자도 이해할 수 있도록 기본 개념부터 설명하면서, 실생활에 활용할 수 있는 내용까지 포함했다.

이 책이 여러분의 세금 관리에 있어 든든한 길잡이가 되기를 바라며, 보다 현명한 세금 테크를 실천하는 데 도움이 되기를 바란다.

이 책을 세상에 내놓기까지 많은 분들의 도움이 있었다. 그중에서도, 함께 일하며 한마음 한뜻으로 노력해 준 소중한 인택스 직원들에게 깊은 감사의 마음을 전한다. 여러분의 열정과 헌신, 그리고 맡은 자리에서 최선을 다하는 모습이 오늘의 저를 만들었고, 이 책이 세상에 나올 수 있도록 힘을 실어주었다.

이 책이 우리의 여정 속에서 작은 이정표가 되기를 바라며, 사랑과 감사를 전한다.

저자 강신욱 올림

01

창업을 위한 첫 단계.
사업자등록 신청하기

1. 개인사업자와 법인사업자 중 무엇이 유리할까?
2. 업태와 종목이 가장 중요하다고?
3. 일반과세자로 신청할까? 간이과세자로 신청할까?
4. 개인사업자 사업자등록 신청은 어떻게 하나?
5. '확정일자' 받아 상가 보증금 보호하자.
6. 사업자 등록 후 바로 해야 할 9가지
7. 안전한 명의대여는 없다.

01
개인사업자와 법인사업자 중 무엇이 더 유리할까?

사업을 시작하려는 대표님을 만나게 되면 가장 많이 하는 질문 중 하나가 바로 사업을 개인사업자로 하는게 유리한지 또는 법인사업자로 하는게 유리한지에 대한 고민이다. 사업을 시작할 때 개인사업자와 법인사업자 중 무엇을 선택할지는 사업의 규모, 목적, 초기자본, 세금 계획등을 고려해야 한다. 이에 따른 각각의 차이점 및 장단점을 알면 빠른 결정을 내릴 수 있을거라 생각한다.

첫 번째 회사설립시 개인과 법인의 차이를 살펴보자.

개인사업자는 사업자를 낼 때 관할 세무서에 사업자등록 신청만 하면 된다. 물론 여러 가지 인허가를 필요로 하는 업종도 있지만 예외적인 경우가 아닌 일반적인 업종의 경우에는 사업자등록증이 바로 나온다. 물론 폐업시에도 관할 세무서에 폐업 신고만 하면 되기 때문에 절차가 간단하다. 이에 반해 법인사업자는 정관을 작성하고 주주 및 자본금을 준비하여 법인설립등기를 한 후에 관할 세무서에 사업자등록을 신청할수 있다. 폐업을 할 때에도 관할 세무서에 사업자등록 폐업 신고 후 법인등기를 말소하는 청산 과정까지 거쳐야 한다. 따라서 개인사업자가 법인사업자보다 개업과 폐업 절차가 훨씬 간편하고 비용도 적게 들기 때문에 유리하다.

두 번째 사업과 관련한 책임부분이다.

개인사업자의 경우에는 사업에 대한 의사결정 및 회사에서 벌어들인 순이익이 대표자한테 귀속된다. 그래서 사업상 발생하는 채무 및 세금 문제도 자신의 모든 재산으로 책임져야 한다. 반면 법인사업자의 경우에는 주주의 출자액을 한도로 유한 책임을 부담한다. 세법상 과점주주의 경우 일부 예외가 있기는 하다. 여하튼 위험부담과 책임을 분산할 수 있는 부분에서는 법인사업자가 유리하다.

세 번째 자금 조달면에서 법인이 개인보다 유리하다.
법인을 설립하게 되면 초기를 제외하고는 은행에 대출을 한다거

part 01

나 또는 회사가 돈이 필요해서 사채를 발행하는 등 자금 조달이 유리할 수가 있다. 처음 설립된 법인은 신용도가 낮기 때문에 자금 조달이 개인사업자 보다 유리한 건 아니지만, 법인을 잘 키워나간다면 자금조달 부분에서 확실히 개인사업자보다 유리하다.

네 번째 사업을 해서 이익이 났을 때 부담하는 세금을 비교해보자.

법인은 세율이 9%에서 최고 24%의 4단계 누진세율이다. 개인의 경우에는 6%에서 최고 45%의 8단계 누진세율로 되어 있다. 단순히 세율의 차이만 가지고 개인으로 할지 법인으로 할지 결정하기는 너무 복잡하다. 일반적으로 법인세율이 낮기 때문에 법인세는 줄일 수가 있다. 하지만 법인사업자는 대표가 받아가는 월급과 퇴직금, 쌓여있는 이익잉여금에 대한 분배, 즉 주주로서 배당을 받는 경우까지 감안하면 개인사업자와 법인사업자간의 세금 부담은 아래 과세 사례처럼 큰 차이가 없다. 따라서 세금 측면에서는 법인사업자가 꼭 유리하다고 보기는 어렵다.

개인사업자와 법인사업자 과세 사례

구 분	개인기업	법인기업
급여차감 전 과세소득	200,000,000원	200,000,000원
본인 인건비 비용처리	불 가	50,000,000원
과세표준 (A)	200,000,000원	150,000,000원
세율	38%	9%
산출세액 (B)	56,600,000원	13,500,000원
잉여금 (A-B)	143,400,000	136,500,000
잉여금을 전액 사용한다면	세금 없음	배당소득세 납부
사업소득세	56,600,00원	-
근로소득세	-	6,780,000원
법 인 세	-	13,500,000원
배상소득세	-	32,350,000원
세금 총 부담액	56,600,000원	52,630,000원

다섯 번째 자금운영은 법인을 운영하면서 어려움을 호소하는 부분 중 하나이다.

개인사업자의 경우 회사 자금에 대해 수시로 입금하고 자유롭게 인출할 수 있다. 반면 법인의 경우 법인 설립시 출자한 자본금은 업무와 관련 없이 함부로 인출하면 안된다. 그리고 사업을 해서 이익이 발생했을 때에도 개인사업자는 자유롭게 인출하여 사용할 수 있는데 법인의 경우 이익잉여금으로 회사에 쌓아두거나 배당절차를 통해서 주주에게 지급해야 한다. 만약 이러한 절차

> part 01

없이 법인 자금을 자유롭게 인출하게 되면 가지급금으로 처리되어 추가로 세금을 더 내야 한다. 심한 경우에는 횡령으로 간주되어 형사처분을 받을 수도 있다.

마지막으로 일정 규모의 법인들은 회계감사를 받는다.

이와 비슷하게 개인사업자들도 업종별로 일정 규모 매출액이 넘으면 성실신고 확인 제도로 소득세를 신고해야 한다. 도소매업은 올해 매출이 15억 기준, 제조업·음식점 등은 7억 5천, 보통 서비스업은 5억이 기준으로 올해 매출이 기준금액을 넘어간다면 소득세 신고를 성실신고 확인제도로 신고를 해야 된다. 이 성실신고 확인제도는 개인사업자의 성실신고를 유도하기 위함이다. 매출 누락이나 가공의 경비 등 조세포탈을 막기 위해서 만들어 놓은 제도이다. 이 제도는 매출이 큰 업체들에게 부담이 될 수밖에 없다. 비슷한 매출일 때 성실신고 대상자인 개인사업자보다 법인사업자가 세무 행정 면에서는 더 나을 수 있다고 생각한다. 그래서 예상이 되는 매출이 성실신고를 넘어갈 것 같으면 법인사업자로 설립하는것도 좋은 방법일 수 있다.

이렇게 장단점을 잘 분석해서 개인사업자로 설립할것인지 법인사업자로 설립할 것인지 아니면 개인사업자로 시작해서 법인사업자로 전환하는게 좋을지 잘 판단하길 바란다.

02
업태와 종목이 가장 중요하다고?

사업자는 사업을 시작한 날로부터 20일 이내에 사업자등록을 신청해야 한다. 사업자등록증을 신청할 때 결정해야 할 내용이 많은데, 그중에서도 제일 중요한 것이 업태와 종목이다. 업태와 종목은 세무행정과 사업관리에 직접적인 영향을 미치기 때문이다.

사업자등록증의 '업태'는 사업의 전반적인 성격이나 활동 분야를 나타내는 항목으로, 주로 판매 형태나 방법에 따라 분류된다. 이는 통계청의 한국표준산업분류표에서 대분류(2자리 코드)에 해당하며, 예를 들면 제조업, 도소매업, 서비스업 등이 있다.
'업태'는 사업의 넓은 범위를 나타내며, '종목'은 그 안에서 구체적으로 무엇을 판매하거나 제공하는지를 의미한다. 예를 들어, 공장에서 빵을 제조하여 판매하는 경우 업태는 '제조업', 종목은 '빵류'가 될 수 있다. 반면, 음식점에서 빵을 판매한다면 업태는 '숙박 및 음식점업', 종목은 '빵류'로 분류된다.

따라서, 사업자등록증을 작성할 때 자신의 사업이 어떤 판매 형태를 가지는지에 따라 적절한 업태를 선택하는 것이 중요하다.

부가가치세 신고나 소득세 또는 법인세 신고 때 업종별로 매출액을 구분하여 신고하게 되어 있다. 업종별로 매출을 구분하는 것은 아주 번거로운 일인데 어떠한 이유로 구분을 해야 하는지 한번 알아보자.

첫 번째로, 수입과 지출을 기록하는 '기장의무'가 있기 때문이다.

법인사업자는 무조건 복식부기로 기장을 해야 하지만, 개인사업자의 경우는 사업자의 업종과 직전 연도 수입금액에 따라 '간편장부대상자'와 '복식부기의무자'로 구분된다. 업종별 수입금액 기준을 살펴보면 직전 연도 매출액 기준으로 농업·도소매업·부동산매매업은 3억원 이상, 제조업·숙박및음식점업·금융업은 1억5천만원 이상, 임대업·서비스업등은 7천5백만원 이상이면 복식부기의무자가 된다. 참고로 전문직 사업자인 의사나 변호사등은 수입금액과 관계없이 복식부기의무자에 해당한다. 이렇게 업종에 따라 기장의무의 기준금액이 달라진다.

part 01

두 번째, 개인사업자의 경우 소득세 신고할 때 장부를 작성하지 않은 경우 법에서 정해준 경비율로 신고하는 경우가 있다.

이때 업종별로 정해진 '단순경비율' 또는 '기준경비율'을 적용하게 된다. 신규 사업자라든지 매출액이 적은 소규모 사업자라면 단순경비율 대상자가 되어 복잡하게 장부를 작성할 필요가 없고, 법에서 정해준 단순경비율만으로도 세금이 적게 나온다. 하지만 수입금액이 많을수록 기준경비율이 적용되어 경비 인정이 적어지므로, 장부를 작성하는 것이 유리하다. 경비율 기준을 판단할 때도 업종별로 금액이 다르다.

세 번째, 절세를 위해서 정말 중요한 각종 세액공제나 감면 규정이 업태에 따라서 다르다.

예를 들면, 창업중소기업에 대한 세액감면제도에서 일정 요건을 충족하는 중소기업에 대해 소득세 또는 법인세를 감면해 주는데, 이때 세액감면을 받기 위한 일정 요건 중 업종을 살펴보면 제조업, 건설업, 통신판매업, 음식점업, 정보통신업, 사회복지 서비스업등이 있다. 하지만 도소매업과 카페(커피전문점업)는 감면 대상 업종에 포함되지 않는다.

네 번째, 일부 업종은 관련 법령에 의해 허가를 받거나 신고해야 한다.

인허가사업인지 아닌지는 국세청 홈택스에서 조회를 거쳐 확인할 수 있다. 국세청 홈택스 ⇒ 증명·등록·신청 ⇒ 사업자등록신청 ⇒ 인허가 서류 조회 ⇒ 업종코드 등의 절차를 거치면 된다. 업종별로 허가업종, 등록업종, 신고업종이 상이하므로 사업자등록 전에 필요서류들을 미리 확인하도록 하자.

위에서 살펴보았듯이 정확한 업태와 종목의 선택은 세무 신고와 사업 운영에 큰 영향을 미치므로, 사업의 특성에 맞게 신중하게 결정해야 한다.

03
일반과세자로 신청할까?
간이과세자로 신청할까?

사업자등록증 신청 전 결정해야 할 마무리편에 속하는 창업하려는 업종이 과세 사업자인지 또는 면세 사업자인지 과세사업자이면 일반과세자로 신청할지 간이과세자로 신청할지에 대해 알아보자.

	사업자 유형	
사업형태에 따라	법인사업자	법인이 사업 주체
	개인사업자	개인이 사업 주체
과세유형에 따라	과세사업자	면세사업을 제외한 모든 사업자
	면세사업자	부가가치세 면세 업종만 영위하는 사업자
사업규모에 따라	일반과세자	간이과세자를 제외한 모든 과세사업자
	간이과세자	주로 소비자 대상 업종, 연간매출 1억400만원 미만인 소규모 개인사업자

사업자는 과세사업과 면세사업자로 구분한다. 면세사업자란 농·축산 관련 도·소매업, 의료업, 학원사업자, 주택임대업, 국민주택규모 신축판매업 등 법령에 열거된 업종을 영위하는 자를 말한다. 부가가치세가 면제되는 사업만을 영위하는 경우에는 면세사업자로 등록하면 된다. 면세사업자는 부가가치세 신고 및 납부의무

가 없다.

그 외 사업자는 과세사업자가 된다. 과세사업자는 일반과세자와 간이과세자로 구분한다. 그럼 일반과세자와 간이과세자중 나는 어떤 사업자로 신청하는게 세금에 유리할까? 일반과세자와 간이과세자의 차이점을 알아보자.

간이과세자는 신규사업자 또는 연 매출액이 1억400만원(과세유흥장소 및 부동산임대업은 4,800만원) 미만인 경우로서 간이과세자 배제업종에 해당하지 않는 사업자에게 적용된다.
일반과세자에 비해 부가가치세 신고 절차가 간소하다. 연 매출 4,800만원 미만인 경우에는 부가가치세 면제 혜택까지 받지만 세금계산서를 발급에 제한이 있다.

일반과세자와 달리 업종별 부가율로 매출의 1.5%~4%의 낮은 세율이 적용되지만 매입세액도 1.5%~5%만 공제해주므로 일반과세자보다 공제율이 낮다. 그리고 <u>사업 초기 시설투자 등이 많은 경우에도 간이과세자는 매입세액을 환급 받지 못한다.</u>

part 01

다시 말하자면 간이과세자가 반드시 일반과세자보다 유리한 것이 아니다.

일반과세자는 매출의 10%의 세율이 적용되며, 물건등을 구입하면서 받은 매입세금계산서의 세액을 전액 공제 받을 수 있다.
또한 세금계산서를 발급할 수 있다. 연간 매출액이 1억400만원 이상 이거나, 간이과세가 배제되는 업종 또는 배제지역에서 사업을 하고자 하는 경우에는 반드시 일반과세자로 등록해야 한다.

요약하자면 세금계산서를 발행할 필요가 없고, 초기 설비투자비용이 적으며 연매출 4,800만 원 미만이 예상되는 경우에는 간이과세자가 유리하다.

그러나 4,800만원 이상 1억400만원 미만인 경우에는 업종에 따라 일반과세자가 유리한지, 간이과세자가 유리한지 검토해 봐야 **한다. 따라서, 사업의 성격과 매출액 등을 고려해 선택하면** 된다.

part 01

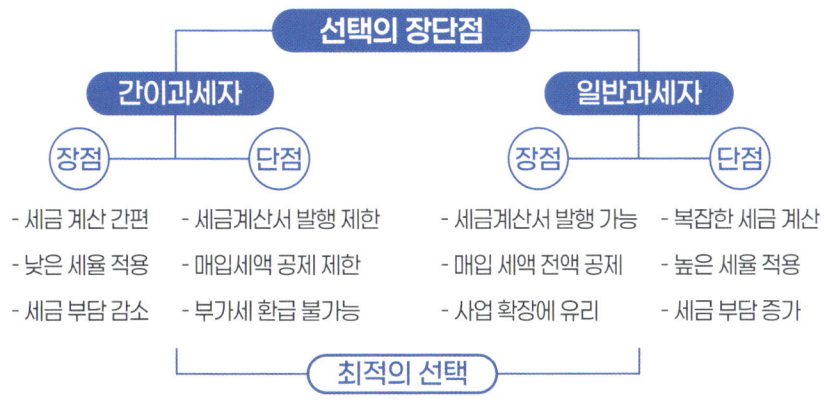

창업을 위한 첫 단계. 사업자등록 신청하기

04
개인사업자 사업자등록 신청은 어떻게 하나?

"개인인데 사업을 하고 싶어요. 아이템도 다 결정되어 있는데 무엇부터 시작해야 할지 도저히 모르겠어요." 많은 창업자들이 처음 사업을 시작할 때 어려워 하는 부분이다. 과연 어떻게 준비를 해 나가는게 좋은지 방법을 알아보자.

<u>사업자는 사업을 시작한 날로부터 20일 이내에 사업자등록을 신청해야 한다.</u> 그런데 사업자 신청을 하려니 사전에 준비해야 할 사항들이 있다.

첫 번째는 사업자를 법인사업자로 할지 개인사업자로 할지 먼저 결정해야 한다.

법인사업자는 법인설립등기라는 별도의 절차를 거쳐 사업자등록을 한다. 개인사업자는 별도의 등기 절차 없이 세무서에 사업자등록을 하여 사업을 할 수 있다. 그래서 별도의 등기절차가 없는 개인사업자로 우선 시작해보는 것을 추천한다.

두 번째는 사업을 하고자 하는 장소가 필요한데 그 장소를 사업장이라고 한다.

사업장은 지역에 따라 세금혜택이 달라지는 경우가 있기 때문에 장소를 잘 선택해야 한다. 사업을 한다고 꼭 사업장이 다 필요한 것은 아니다. 통신판매업이나 자택에서 사실상 사업이 가능한 업종 등은 자택을 사업장으로 사업자등록을 할 수 있다. 최근에는 공유오피스 등도 많이 활용하는 추세인 만큼, 꼭 고액의 임차료를 지불해가면서 무조건 사업장을 구해야 하는 것은 아니다.

세 번째는 업종을 잘 선택해야 한다.

사업자등록시 업종 선택은 사업의 성격과 매출액 등을 고려하여 결정하면 된다. 업종에 따라 세금 감면 혜택이 달라지기 때문에 신중함이 요구된다. 일부 업종은 관련 법령에 의해 허가를 받거나 신고를 해야 한다.
인허가사업인지 아닌지는 국세청 홈택스에서 조회를 거쳐 확인

할 수 있다. 국세청 홈택스 ⇒ 증명·등록·신청 ⇒ 사업자등록신청 ⇒ 인허가 서류 조회 ⇒ 업종코드 등의 절차를 거치면 된다. 업종별로 허가업종, 등록업종, 신고업종이 상이하므로 사업자등록 전에 필요서류들을 미리 확인하도록 하자.

개인사업자 사업자등록 신청서류는 △사업자등록신청서 1부 △신분증 사본 △임대차계약서 사본(사업장을 임차한 경우에 한함) △허가 및 등록을 요하는 사업의 경우 허가(등록·신고)증 사본 △2인 이상 공동으로 사업하는 경우 동업계약서 등이다.
이제 사업자등록 신청을 위한 사전 준비는 다 되었으니 실제 등

사업자등록 신청 시 필요한 서류

01 신분증
- 주민등록증
- 운전면허증
- 여권
- 외국인등록증(외국인)

02 임대차 계약서
- 사업장 임대차계약서
- 전대차계약서(전대의 경우)
- 무상사용 동의서(무상의 경우)
- 등기부등본(자가 소유시)

03 사업허가증
- 사업 인허가증
- 자격증 사본
- 등록증 또는 신고필증
- 허가, 신고, 등록 대상 업종만

04 기타서류
- 동업계약서(공동사업시)
- 위임장(대리신청시)
- 자금출처 소명서
- 사업자금 증명 서류

록 절차에 들어가보자.

사업자등록 절차는 크게 두 가지 방법이 있다.

첫 번째 방법은 세무서 방문을 통한 오프라인 신청이다. 사업장 소재지를 관할세무서 또는 가까운 세무서 민원봉사실에 신청한면 된다. 두 번째 방법은 국세청 세무신고 사이트인 「홈택스」로 사업자등록 신청 및 구비서류 전자제출을 통하여 온라인 신청을 할 수 있다.

사업자등록증은 신청일로부터 2일 이내에 사업자등록증을 교부하도록 하고 있는데, 개인사업자의 경우 특별한 사유가 없는 한 즉시 발급해준다.

간혹 "사업자등록을 하지 않는 경우에는 어떻게 되나요?" 라는 질문을 받는다. 사업을 하는 자는 반드시 사업자등록을 해야 한다. 사업자등록을 하지 않는 경우 세무조사를 거쳐 부가가치세 및 소득세, 미등록가산세, 무신고가산세, 미납부가산세 등을 부과받게 된다는 것을 명심하자.

part 01

세무주치의 가이드

(통신판매업 신고)
사업자등록증을 수령 후 인터넷사이트등 전자상거래업체를 이용하여 상품을 판매하는 사업자의 경우 반드시 통신판매업 신고를 하여야 한다.

신고대상은 통신판매업을 하는 사업자는 신고를 하여야 하며, 쇼핑몰하단에 통신판매업 신고번호를 명시하여야 한다. 각 사업장 소재지관할 시,군,구청 지역경제과에 신고하면 된다. 통신판매신고를 이행하지 않으면 영업정지 15일 이상 및 최고 3천만원 이하의 벌금에 처해질 수 있으므로 반드시 신고를 하여야 한다.

하지만 통신판매업은 신고 면제 기준이 있다. 직전년도 동안 통신판매의 거래횟수가 50회 미만인 경우나 부가가치세법상 간이과세자인 경우에는 통신판매업 신고를 아니할 수 있다.

05
'확정일자' 받아
상가 보증금 보호하자

요즘 전세 사기가 기승을 부리고 있다. 그래서 집을 계약하거나 상가를 계약할 때 나의 보증금을 계약 종료때까지 안전하게 회수할 수 있을지 걱정이 된다. 상가 계약시 보증금을 보호받을 수 있는 「상가건물 임대차보호법」에 대해 알아보자.

상가 세입자가 임대인과 계약을 체결한 것은 임대차계약상의 권리를 가진 채권자에 불과하다. 다시 말해서 임대차계약 체결 후에도 당해 건물에 근저당권 등이 설정된 경우 후순위로 밀리기 때문에 보증금을 받을 수 없는 경우가 생길 수 있다. 이에 상가건물 임대차보호법은 세입자를 보호하기 위해 대항력, 우선변제권, 최우선변제권의 규정을 두고 있다.

첫 번째 '대항력'에 대해 알아보자.

대항력이란 임차인이 제3자에게 임대차의 내용을 주장할 수 있

part 01

는 법률상의 힘을 말한다. 즉 대항력을 갖춘 상가건물 임차인은 상가건물이 다른 사람에게 양도 되더라도 새로운 상가건물 소유자에게 계속해서 임차권의 존속을 주장할 수 있다.

대항력을 취득하기 위해서는 임차인이 상가건물을 인도받고 사업자등록을 신청하면 그 다음 날부터 제3자에 대해 대항력을 갖게 된다. 상가건물의 인도란 점유이전을 말하는데, 건물 사용이 가능한 권리로 생각하자.

두 번째 '우선변제권'의 개념과 요건에 대해 알아보자

우선변제권이란 임차인이 임차보증금을 우선 변제받을 수 있는 권리를 말하며, 임차인이 건물의 인도, 사업자등록신청, 임대차계약서의 확정일자를 갖춘 경우에 인정된다. 확정일자란 건물소재지 관할 세무서장이 임대차계약서의 존재사실을 인정해 임대차계약서에 기입한 날짜를 말한다. 확정일자를 부여받으려는 임차인은 사업자등록 신청시 임대차계약서 원본을 제출하면서 확정일자 부여 신청 의사를 표시하면 된다.

우선변제권이 있는 임차인은 부동산등기부 등본에 등기가 되지 않더라도 건물이 경매나 공매시 확정일자를 기준으로 임차건물의 후순위권리자나 그 밖의 채권자보다 우선하여 보증금을 변제 받을 권리가 있다. 다만, 모든 상가건물 임대차에 적용되는 것은 아니고 환산보증금(보증금 + 월세 × 100)이 지역별로 다음 금액 이하인 경우에만 적용된다.

보호를 받을 수 있는 환산보증금 범위

지 역	환산보증금
서울특별시	9억원 이하
수도권정비계획법에 의한 수도권중 과밀억제권역(서울특별시 제외)	6억 9천만원 이하
광역시(수도권 과밀억제권역과 군지역 제외) 안산시, 용인시, 김포시, 광주시(경기)	5억 4천만원 이하
기타지역	3억 7천만원 이하

또한 상가건물 임대차보호법에는 환산보증금 금액이 일정액 이하인 소액임차인의 경우에 건물이 경매로 넘어가는 경우에도 다른 권리자보다 최우선해 보증금의 일정액을 변제 받을 수 있도록 최우선변제권을 규정하고 있다.

최우선변제를 받을 수 있는 소액임차인 및 보증금의 한도		
지 역	환산보증금	우선 변제 보증금
서울특별시	6,500만원 이하	2,200만원까지
수도권정비계획법에 의한 수도권중 과일억제권역(서울특별시 제외)	5,500만원 이하	1,900만원까지
광역시(수도권 과밀억제권역과 군지역 제외) 안산시, 용인시, 김포시, 광주시(경기)	3,800만원 이하	1,300만원까지
기타지역	3,000만원 이하	1,000만원까지

그 외 보증금을 보호하기 위해서는 상가보증금 보장 신용보험에 가입한다든지, 임대인의 협력을 얻어 임차권설정 등기를 신청하는 방법이 있다. 보증금을 보호할 수 있는 다양한 제도가 마련돼 있으니 간과하지 말고 꼭 자신의 재산은 자신이 스스로 지키자.

06
사업자 등록 후
바로 해야 할 9가지

대부분의 창업자들은 사업자 등록하는 시점까지는 잘 준비돼 있다. 문제는 사업자등록증을 발급 받고 난 다음 어떤 것을 해야 할지를 모르는 경우가 많다. 사업자등록증을 만들고 필요하면 확정일자까지 받았다는 가정 하에 다음 절차를 알아보자.

일단 사업자등록증을 받고 세무서를 나왔으면 제일 먼저 은행을 가야 한다. 은행 업무에서 제일 중요한 업무는 ① 사업용계좌, ② 사업용 공동인증서 및 ③ 인터넷 뱅킹 신청이다. 사업용 계좌를 만들면 개인사업자의 경우에는 통장에 성함과 상호명이 같이 인쇄돼 나오게 된다. 그 계좌에 따른 카드도 만들면 좋다. 신용카드나 체크카드 뭐든 상관은 없다. 사실 개인사업자는 신규로 사업용계좌를 만들지 않아도 된다. 기존에 갖고 있는 계좌를 사용해도 상관없다. 그리고 기존에 개인명의로 쓰던 카드도 사업용으로 등록만 하면 상관없다. 그런데 기존에 쓰던 계좌를 사용하게 되면 개인 목적으로 쓰던 것과 사업을 시작하면서 쓰게 되는 사업용 항목들이 뒤섞일 경우가 있다. 가능하면 계좌나 카드를 별도로 새로 만들어서 쓰는 걸 권한다.

은행에서 통장개설이 완료되면 사업용 공동인증서를 발급받자. 공동인증서에는 일반 은행용, 전자세금계산서용, 범용공동인증서가 있다. 계좌이체 등 일반 은행업무 목적으로는 일반은행용, 세금계산서 발행이 목적인 경우에는 전자세금용 공동인증서를 발급받아야 한다. 일반은행용 공동인증서로는 세금계산서 발행이 불가능하다.

다음은 ④ 카드단말기 설치다. 카드단말기가 필요한 업종이 있다. 카드매출이 발생하는 경우에는 필수적으로 필요하다. 카드

단말기 회사에 연락을 하여 설치를 요청하면 된다. 이때 현금영수증을 발행해야 되는 업종인 경우에는 ⑤ 현금영수증 가맹점 등록도 한번에 처리하자. 만약 카드 단말기가 없는 경우에는 홈택스 사이트에 현금영수증 가맹점으로 등록하면 된다.

세금과 관련해 대부분의 업무처리나 조회는 국세청 홈택스를 통해 알 수가 있다. 따라서 ⑥ 홈택스 회원가입은 꼭 필요하다. 홈택스에 회원 가입시 회원유형은 개인으로 주민등록번호로 가입을 추천한다. 주민등록번호로 회원가입할 경우 개인에 대한 업무처리와 사업자에 대한 업무처리가 모두 가능하다. 사업자에 대한 업무처리를 위해서는 개인 회원으로 로그인 한 후 '사업장선택' 버튼으로 사업자로 전환하면 된다.

사업자등록 후 바로 해야 할 9가지

카드단말기 설치	현금영수증 가맹점 등록	홈택스 회원가입
카드단말기 회사에 연락해서 설치요청	카드단말기 설치 후 등록 또는 홈택스사이트에서 등록 가능	주민등록번호로 가입추천

part 01

홈택스에 회원가입하고 나면 해야 할 업무를 알아보자. 앞에서 설명했듯이 카드 단말기가 없는 현금영수증 가맹 사업자는 홈택스에서 현금영수증 가맹점으로 등록하면 된다. 그리고 ⑦ 사업용 계좌를 신고하면 된다. 처음 사업을 시작하는 사업자는 사업용 계좌의 신고 의무가 없다. 원래 복식부기의무자가 모든 사업장에 대하여 각각 사업용 계좌를 신고해야 한다. 하지만 매출액이 증가하면 복식부기의무자가 되기 때문에 홈택스 업무를 처음 할 때 계좌를 신고해두면 편리하다. 나중에 복식부기의무자가 되었을 때 사업용계좌 등록을 놓쳐 가산세를 부담하는 사업자도 종종 있기 때문이다.

다음은 사업용으로 사용하는 ⑧ 신용카드를 등록하자. 홈택스에 한번만 등록해 두면 영수증을 따로 모으지 않아도 된다. 주의할 점은 카드재발급, 신규발급, 갱신 등으로 카드번호가 바뀌게 되면 꼭 잊지 말고 다시 등록해야 한다.

마지막으로 비용 관련해서 챙겨야 할 내용이다. 지출은 세금계산서(또는 계산서), 신용카드, 현금영수증 등으로 적격증빙을 받아야 한다. 그런데 불가피하게 증빙을 받을 수 없는 경우에는 계좌

이체로 증빙을 남기도록 하자. 자동이체를 포함해서 여러 가지 ⑨ 공과금에 대해서 용도도 변경해야 된다. 예를 들면 관리비, 전기요금, 도시가스, 휴대폰, 인터넷, 정수기등 요금들에 대해서 업체별로 사업자등록증 사본을 보내주고 세금계산서 용도로 발급을 해 달라고 요청을 하자. 사업자등록번호가 표기되어 있는 고지서를 받게 되면 부가가치세도 환급받을 수 있다. 종합소득세 때 비용 처리도 편리하게 할수 있다.

사업자 등록한 다음에 바로 해야 되는 일들을 9가지 설명했다. 더 많은 내용들이 있겠지만 새로 사업을 시작해서 사업자 등록을 마친 사업자들은 반드시 참고해 도움 받기를 바란다.

07
안전한 명의대여 없다

[명의대여 상담 사례]

피해자는 현장 생산직원으로 근무한 A부장으로, 1년 전 B사장의 부탁으로 명의를 빌려주었다. B사장은 기존의 회사를 폐업하고 A부장의 명의로 같은 사업장에 같은 업종으로 P회사를 설립했다. A부장은 1년이 지날 무렵 국세청으로부터 P회사의 체납통지서를 받게 됐다. 체납액은 무려 8,500만원이나 됐다. 그런데 설상가상으로 B사장이 사망했다.

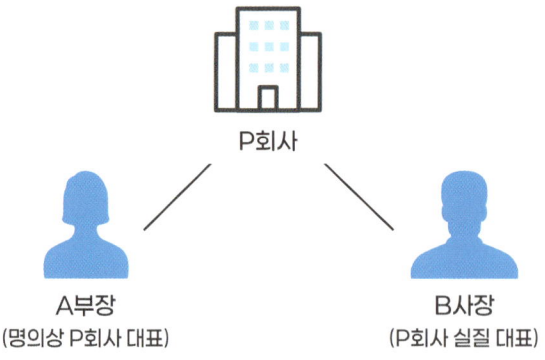

A부장은 직원들과 함께 마지막까지 주문받은 제품을 거래처에 납품한 뒤 주변의 도움으로 P회사를 폐업했다. 정말 힘든 상황임에도 불구하고 마지막까지 책임을 다 하였다. A부장은 이제부터 P회사에 대한 세금 문제만 정리하기만 하면 된다고 생각했다. 워낙 고액이지만 평소에 유족과 잘 지내왔고, A부장보다 형편이 좋았기에 같이 해결할 수 있을 거라 짐작했다. 그런데 유족들은 서류상 이혼상태였고 세금부분에 대한 어떠한 책임도 지지 않으려 했다. 직원들마저 B사장이 사망했으니 퇴직금을 청구할 수 있는 곳이 P회사의 서류상 대표인 A부장뿐이라고 여겼다. 뿐만 아니라 B사장이 생전에 거래했던 C업체가 거래대금을 받지 못했다며 A부장을 피고로 하도급금 청구의 소를 제기했다. A부장에게 청구된 금액은 세금 8,500만원, 퇴직금 4,700만원, 하도급금 1,000만원을 합쳐 총1억4,200만원에 달했다.

A부장은 혼자 해결할 수 있는 사안이 아니라는 것을 깨닫고 도움을 요청해왔다. A부장은 B사장한테 명의를 빌려줬을 당시 어떤 피해를 입게 될지에 대해 전혀 인지하지 못했었다. 또 회사 대표라 명의대여 요구를 매몰차게 거절하기도 쉽지 않았다고 했

part 01

다. 그런데 B사장은 4년 전에도 사촌조카 명의를 빌려 세금을 체납한 전력이 있었다. 장례식장에서 만나게 된 조카로부터 B사장의 세금 일부를 대신 납부하고 있다는 얘기를 A부장이 직접 전해듣게 된 것. B사장은 그동안 탈세를 목적으로 2년, 3년 단위로 다른 사람 명의를 빌리는 수법을 써온 것이었다.

A부장은 월급이 250만원인데 그 금액에서 부모님께 20년째 매달 용돈을 80만원씩 보내고 있었다. 이건을 해결하지 못하면 더 이상 생활비를 못 보내게 될까봐 노심초사했다. 또 한 채 있는 집조차 압류될 예정이었다.

국세기본법에서 규정하고 있는 '실질과세 원칙' 즉, 실질 내용과 명의가 다를 때에는 실질 내용에 따라 세금을 부과해야 한다는 원칙에 따라서, 명의상의 사업자등록자와는 별도로 사실상의 사업자가 있는 경우에 사실상의 사업자를 납세의무자로 한다. 그런데 문제는 자신이 명의만 빌려주었을 뿐이고 그 사업과 전혀 관련이 없다는 것을 입증하기가 쉽지 않다는 것이다.

세무서에도 가서 사업자등록증도 직접 발급 받았고, 금융실명제 하에서 사업용 계좌를 개설해서 금융거래를 하였다면, 해당 명의자가 사업을 한 것으로 인정되기 때문에 더욱 입증하기가 어려운게 현실이다.

입증하기 위해서는 사망한 B사장과 싸워야 했다. 일단 증거를 수집했다. P회사 사무실에 있는 모든 서류를 증거품으로 가지고 와 샅샅이 확인했다. 거기서 B사장이 운영했다는 조카명의 사업자등록증도 찾았다.

조카 말은 사실이었다. P회사(A부장 명의) 계좌거래 내역에는 조카명의로 체납한 세금 이체내역, 이혼한 부인에게 생활비로 보내준 내역, 딸들에게 보내준 용돈, 폐업한 회사 직원들 퇴직금 내역, B사장의 핸드폰 요금 결제내역 등이 있었다. A부장 사업용 계좌이지만 B사장의 사적인 사용 내역이 너무 많았다. A부장이 B사장한테 보낸 체납관련 자필 편지, B사장이 A부장한테 명의변경 관련 방법등 그 외도 직원들한테 급여이체시 IP주소 등을 포함해 총 13가지 증거를 확보해 세무서에 제출했다.

세무서는 증거자료와 현장확인을 거쳐 실사업자는 B사장이라고 판명했다. 다행히 명의대여자 A부장은 1,000만원 범칙처분 후 종결된다는 통지를 받게 됐다.

part 01

모든 것이 잘 해결됐다고 안심하려던 차에 건강보험공단으로부터 뜬금 없는 연락을 받았다. P회사 4대보험이 1억2,000만원이 체납됐다는 내용이었다. 청천벽력 같았다. 세무서에서 받은 실사업자 확인 통지서를 보내고 공단 담당자에게 사건의 전말을 설명했다. 채권 발생시점 당시가 중요하니 A부장이 납부하고 B사장한테 개인적으로 구상권을 청구하라는 공단측을 6개월간 설득하고 증거서류를 제출하는 과정을 거쳐 보험료 전액 취소라는 값진 결과를 얻어냈다. 한 번의 명의 대여가 얼마나 큰 화를 불러 올 수 있는지를 상기하게 한 사건이었다.

세무주치의 가이드

조세범처벌법 제11조[명의대여행위등]

① 조세의 회피 또는 강제집행의 면탈을 목적으로 타인의 성명을 사용하여 사업자등록을 하거나 타인 명의의 사업자등록을 이용하여 사업을 영위한 자는 2년 이하의 징역 또는 2,000만원 이하의 벌금에 처한다.

② 조세의 회피 또는 강제집행의 면탈을 목적으로 자신의 성명을 사용하여 타인에게 사업자등록을 할 것을 허락하거나 자신 명의의 사업자등록을 타인이 이용하여 사업을 영위하도록 허락한 자는 1년 이하의 징역 또는 1,000만원 이하의 벌금에 처한다.

02

똑똑한 절세,
부가가치세

1. 부가가치세란?
2. 세금계산서의 역할과 중간지급조건부
3. 부가가치세 공제되는 항목과 안되는 항목 제대로 알자.
4. 간이과세자 부가세 실무
5. 거래처가 부도 났는데, 부가세는 어떻게 되나요?
6. 사업을 그만둘 때에도 세금을 고민해야 한다.

01
부가가치세란?

부가가치세(Value-Added Tax, VAT)는 상품이나 서비스가 생산 및 유통 과정에서 창출하는 부가가치에 대해 부과되는 간접세이다. 이 세금은 물건 값에 포함되어 있기 때문에 실제로는 최종 소비자가 부담하게 된다. 하지만 많은 사업자들은 재화나 용역을 공급할 때 부가가치세를 전부 매출이라고 인식하는 경향이 있다. 그렇다 보니 부가가치세가 많이 나오면 너무 아깝게 느껴지곤 한다. 사업자들은 부가가치세를 바라보는 관점을 달리해야 한다. 부가가치세가 많이 나오면 매출이 그만큼 상승했다는 의미이기 때문에 사업이 잘 되고 있다는 지표라고 볼 수 있다.

부가가치세는 전 세계 많은 나라에서 중요한 세수원으로 활용되고 있으며, 한국에서도 주요 세금 중 하나이다. 이 세금은 국가의 재정 수입을 안정적으로 확보하는 데 큰 역할을 하고 있는 것이다.

<u>부가가치세란 상품(재화)의 거래나 서비스(용역)의 제공과정에</u>

서 얻어지는 부가가치(이윤)에 대하여 과세하는 세금이며, 사업자가 납부하는 부가가치세는 매출세액에서 매입세액을 차감하여 계산한다.

> **부가가치세 = 매출세액 - 매입세액**

부가가치세는 일반적인 경우 법인사업자는 1년에 4회, 개인사업자는 2회 신고 및 납부하게 된다. 과세기간에 따라 1월부터 6월까지는 1기, 7월부터 12월까지를 2기 라고 하고, 각 과세기간을 다시 3개월로 나누어 예정신고기간을 두고 있다. 법인사업자는 매 분기마다 부가가치세를 신고해야 하지만 개인 일반사업자와 소규모 법인사업자(직전 과세기간 공급가액의 합계액이 1억 5천만원 미만)는 예정고지 제도를 두고 세무서에서 고지하기 때문에 별도의 예정 신고없이 확정신고만 하면 된다.

과세기간	과세대상기간		신고납부기간	신고대상자
제1기 1.1~6.30	예정신고	1.1~3.31	4.1~4.25	법인사업자
	확정신고	1.1~6.30	7.1~7.25	법인·일반사업자
제2기 7.1~12.31	예정신고	7.1~9.30	10.1~10.25	법인사업자
	확정신고	7.1~12.31	다음해 1.1~1.25	법인·일반사업자

part 02

간이과세자의 경우에는 1년치를 다음해 1월에 한꺼번에 신고한다. 다만 간이과세자중에서도 세금계산서를 발행하는 사업자는 1년에 2회 신고를 해야 한다. 사업자가 법인인지 일반과세자인지 또는 간이과세자인지 구분해 부가가치세 신고를 달리 해야 한다는 점 알아두자.

간이과세자	
과세기간	신고납부기간
1.1~12.31	다음해 1.1~1.25

사업자들은 부가세 신고기간 전에 세금계산서 관련 매출이든 매입이든 꼭 확인해야 한다. 매출세금계산서가 제대로 발급이 되었는지 발급 전이라면 꼭 체크해서 발급하면 된다. 매입의 경우에도 송금내역만 있고 매입세금계산서 수취 전이라면 꼭 매입처에 연락을 해서 발급을 요청해야 한다.

02
세금계산서의 역할과 중간지급조건부

세금계산서는 사업자가 재화 또는 용역을 공급하는 때에 거래와 관련된 부가가치세를 거래 상대방에게 징수하고, 그 사실을 증명하기 위해 발급하는 공식 문서이다. 이는 부가가치세법에 따라 작성되며, 거래 내역과 세금이 명확히 기재되어 있어 세무상 증빙 자료로 사용되며, 송장, 청구서, 기업내부의 경영관리면에서도 거래증빙자료등의 역할을 한다.

위에서 사업자라 함은 일반과세자와 직전년도 공급대가가 4,800만원 이상의 간이과세자를 의미한다. 따라서 직전년도 공급대가가 4,800만원 미만의 간이과세자와 신규 간이과세 사업자 및 면세사업자의 경우에는 세금계산서의 발급이 불가능하다.

세금계산서는 영수증발급 대상 업종이 아닌 제조업, 도매업, 건설업등을 운영하는 사업자가 재화 또는 용역을 공급하는 경우에는 반드시 발급하여야 한다. 따라서 제조업, 도매업, 건설업을 영

part 02

위하는 사업자가 물품 등을 일반개인에게 판매하는 경우 신용카드매출전표 및 현금영수증을 발행하는 경우를 제외하고는 반드시 '공급받는 자'란에 주민등록번호를 기재한 주민등록기재분 세금계산서를 발급하여야 한다.

<u>사업자가 재화 또는 용역을 공급하면서 그 대가를 신용카드로 지급받는 경우 세금계산서를 발급할 의무가 없다</u>. 다만, 세금계산서를 발급하고 그 대금을 신용카드로 결제받는 경우 신용카드로 결제받은 금액은 매출금액에서 제외하여야 한다.

세금계산서 발급 시에는 반드시 기재하여야 하는 사항이 있다. 이를 '필요적 기재사항'이라고 한다. <u>필요적 기재사항에는 공급하는 사업자의 등록번호와 성명 또는 명칭, 공급받는 자의 등록번호, 공급가액, 부가가치세액, 작성일자 이렇게 총 다섯가지이다</u>. 필요적 기재사항을 기재하지 않은 경우 또는 잘못 기재한 경우 세금계산서를 미발급한 것으로 보아 세금계산서 미발급가산세가 적용된다.

이 다섯가지 중에서 가장 실수가 많이 나오는 작성일자(=공급시기)에 대해 살펴보자.

세금계산서 작성일자는 세금계산서를 발행하는 날짜로, 부가가치세법상 중요한 요소이다. 작성일자는 공급시기와 연관되어 있으며, 세금계산서 발행의 적법성을 판단하는 기준이 된다. <u>세금계산서 작성일자 기준은 재화가 인도되거나 사용 가능한게 된 날, 용역이 제공된 날, 대금을 먼저 받은 경우에는 대금을 받은 날, 월 단위로 정산되는 거래의 경우 예를 들면 임대료, 정기 서비스등은 해당 월의 말일이 기준일이 된다.</u>

part 02

작성일자가 잘못 기재되어 세금 및 가산세 추징 사례가 많은 중간지급 조건부에 대해 살펴보자.

중간지급조건부란 계약금을 받기로 한 날의 다음 날부터 재화를 인도한 날 또는 이용 가능하게 되는 날까지 기간이 6개월 이상인 경우로서 그 기간 이내에 계약금 외의 대가를 분할하여 받는 것을 말한다. 계약금도 대가의 각 부분으로서 받기로 한 때 공급시기가 된다. 또한 받기로 한 때로 규정을 해두었으므로 실제로 받았는지 아닌지는 납세의무 성립에 영향을 미치지 않는다.

<u>중간지급조건부 계약의 세금계산서 발행 시기는 계약 이행 과정에서 특정 조건을 기준으로 대금을 지급하는 방식이므로, 대가의 각 부분을 지급받기로 한 때에 세금계산서를 발행해야 한다.</u> 부가가치세법 시행령 제63조(세금계산서 발급 시기)에 세금계산서는 재화 또는 용역의 공급시기에 대가를 지급받기로 한 때에 발행해야 한다고 규정하고 있다. 건설업 공사에 대한 예를 들면 계약에 따라 기초 공사가 완료된 후 대금의 20%를 지급하기로 했다면, 기초 공사가 완료된 시점에 세금계산서를 발행해야 한다. 이후 상층 골조 공사가 완료되어 추가로 대금을 지급받기

로 했다면 그 시점에 두 번째 세금계산서를 발행해야 한다. <u>따라서 계약서 작성시 대금 지급 조건과 지급 시점을 명확히 규정해야 한다.</u>

지급 시점에 대해 이견이 발생할 경우 세금계산서 발행 지연으로 인한 불이익이 생길 수 있다. 대금을 지급받기로 한 날부터 세금계산서를 발행하지 않으면 미발행 가산세(공급가액의 2%)가 부과될 수 있다.

03
부가가치세 공제되는 항목과 안되는 항목 제대로 알자

최종소비자가 부담하는 부가가치세도 사업자가 상품이나 서비스를 제공할 때까지 부담한 부가가치세는 공제가 되기 때문에 이제부터 부가가치세 신고시 챙겨야 할 항목에 대해 알아보자.

매출 집계

부가가치세를 신고하는 첫 번째 순서는 매출의 집계다. 부가가치세 매출에는 세금계산서매출, 카드매출, 현금영수증매출, 기타매출이 있다. 부가세 신고기간 전에 세금계산서가 제대로 발급이 되었는지 발급전이라면 꼭 체크해서 발급하면 된다. 매출로 발행해야 되는 세금계산서나 현금영수증 등 발급을 누락하여 가산세(공급가액의 1~2%) 대상이 되는 일이 없도록 해야 한다.

부가가치세 공제 항목

부가가치세 신고를 위한 두 번째 단계는 사업을 운영하면서 발생하는 비용에 대한 매입세액 항목이다. 이는 매출세금계산서에 부과된 세금에서 차감할 수 있는 중요한 자료다. 매입세액 공제는 요건이 있다. 사업과 관련 없이 개인적으로 사용한 물품이나 서비스에 대한 부가가치세는 공제받을 수 없다. 사업과 관련이 있는 매입세액이라도 법적증빙으로 입증된 세금계산서, 신용카드, 현금영수증, 계산서에 의하여 수취해야 한다. 이체내역과 거래명세서만 있는 매입세액은 공제를 받을 수가 없다. 매입세금계산서를 수취전이라면 꼭 매입처에 연락을 해서 발급을 요청해야 한다. 홈택스에 등록된 사업용 신용카드 외에 개인카드를 사업용으로 사용한 경우는 카드사에 연락해서 6개월 사용내역을 요청하고 부가세 신고시 반영하면 된다.

부가가치세 불공제 항목

기업업무추진비(접대비)・비영업용소형승용차・토지관련 매입세액, 세금계산서 부실기재분등 매입세액 불공제 항목을 공제하게 되면 탈세에 해당되어 추후 문제가 생길수 있다. 따라서 매입

part 02

세액 공제항목인지 불공제 항목인지는 한번 쯤은 짚고 넘어가길 바란다. 공제항목을 정확히 파악하고 이를 활용하면 세금부담을 줄일 수 있다.

부가가치세 환급

<u>수출을 주로 하는 사업자와 사업설비를 신설·증축하는 사업자가 부가가치세를 신고할 때 납부세액보다 환급세액이 많은 경우 그 차액을 조기에 환급받을 수 있도록 하는 조기환급제도가 있다.</u> 이는 현금 흐름이 중요한 중소기업이나 초기 창업기업 등에게 특히 유용한 제도로 자금 운용의 유연성을 높여 줄 수 있다. 조기환급신고는 부가가치세 예정 또는 확정기간에 신고하는 방법이다. 해당 과세기간엔 신고하면 15일 이내로 환급받을 수 있다. 조기환급 기간별신고로 매월 또는 매2월 단위로 환급 신청을 할 수 있다. 조기환급 대상자는 제도의 이해와 적절한 활용으로 사업운영에 큰 도움을 받을 수 있을 것이다.

부가가치세 신고는 사업을 운영하는 데 있어 필수적인 절차다. 정확한 신고와 함께 절세전략을 수립하는 것은 사업의 재정 건

전성을 유지하고, 세금 부담을 최소화하는 데 크게 기여할 수 있다는 점을 명심하자.

세무주치의 가이드

[부가가치세 절세방법]

- 홈택스에 사업용 신용카드 등록하기
- 핸드폰 요금등 사업자로 등록하여 전자세금계산서 받기
- 직원 명의 카드도 사업용으로 썼다면 경비로 인정
- 현금지출시 반드시 현금영수증 지출증빙용으로 발급받기
- 사업용 차량 구매시 부가가치세 공제 가능한 차량 확인
  경차(모닝,비스토,레이등) / 배기량 125CC 이하의 이륜자동차(오토바이) / 승합자동차(탑승인원 9인승 이상) / 화물승합차

04
간이과세자 부가세 실무

간이과세자는 부가가치세법에 따라 연간 공급대가(매출액)가 일정 기준 이하인 사업자를 대상으로 간소화된 세금계산과 신고를 적용받는 납세자를 의미한다. 이 제도는 소규모 사업자들의 세금 부담을 줄이고 납세 편의를 도모하기 위해 마련되었다.

<u>간이과세자 적용 대상사업자는 연간 매출이 1억400만원에 미달하는 개인사업자가 해당된다.</u> 단, 간이과세적용 배제되는 업종과 특정 지역에 해당되지 않아야 하며, 다른 일반과세 사업장이 있으면 간이과세 적용 대상에서 제외된다. 이렇게 간이과세 적용범위가 확대되었지만, 부동산임대업 및 과세유흥장소를 경영하는 사업자에 대해서는 현행의 4천800만원 기준을 유지하고 있다.

신규로 사업을 개시하는 개인사업자는 간이과세적용이 배제되는 업종과 지역이 아니면 간이과세자로 등록할 수 있다. 또한 일반과세자이던 자가 직전년도 공급대가가 1억400만원에 미달하

게 되면 다음해 7월 1일 이후 간이과세자로 전환된다. 단. 신규로 사업을 개시한 자는 그 사업개시 월부터 12월까지 공급대가의 합계액을 1년으로 환산한 금액을 기준으로 간이과세 적용대상사업자를 결정한다.

연간 매출액 환산 및 과세유형 전환

개인사업자 A가 2024년 8월 5일 간이과세자 사업을 개시하였다. 2024년 8월부터 12월까지 매출액이 5천만원이다. A의 연 환산매출액은 '5천만원 × 12개월 ÷ 5개월 = 1억2천만원' 이므로 2025.7.1.이후 일반과세사업자로 전환된다.

간이과세자 부가가치세 계산 방식

부가가치세 계산 방식을 살펴보면 간이과세자는 부가가치세를 단순하게 계산하며, 일반과세자보다 낮은 세율을 적용받는다. 일반과세자는 매출세액에서 매입세액을 공제해 납부세액을 계산한다. 하지만 간이과세자는 공급대가에 업종별 부가가치율을 곱해 과세표준을 산출하고, 여기에 세율 10%를 적용해 납부세액을 계산한다. 세금계산서 등 수취세액공제에 따른 금액의 합계액이 납부세액을 초과하는 경우에도 환급은 발생하지 않는다.

> 납부세액 = (매출액×업종별 부가가치율×10%) - 공제세액
> ※ 공제세액 = 매입액(공급대가) × 0.5%

신용카드 세액공제

부가가치세가 과세되는 재화 또는 용역을 공급하고 신용카드로 결제를 받거나 현금영수증을 발급한 경우 신용카드매출전표등 발행금액의 1.3%에 상당하는 금액을 연간 500만원 한도로 납부세액에서 공제받을 수 있다. 또한 간이과세자의 해당 과세기간에 대한 공급대가의 합계액이 4천800만원 미만이면 납부세액을 납부할 의무를 면제한다.

신고 및 납부 주기를 살펴보면 일반과세자는 매년 2회(반기별) 부가가치세를 신고 및 납부해야 하지만, 간이과세자는 1년에 한

번 신고하며, 관할 세무서에서 7월중 예정고지를 한다. 과세기간 1월1일부터 12월 31일까지의 과세표준과 납부세액을 다음해 1월 25일 이내에 관할 세무서장에게 신고·납부하여야 한다.

간이과세자 사업자는 간소화된 신고 및 계산 방식으로 세무 업무가 단순하며, 업종별 부가가치율에 따라 낮은 세금을 부담하게 된다. 영세 자영업자 및 소상공인의 경제적 부담을 줄이는 장점인 반면 일반과세자와 달리 납부세액을 초과하는 매입세액에 대한 환급을 받을 수 없다. 이로 인해 사업운영시 비용 부담이 늘어날 수 있다. 또한 간이과세자 중에는 세금계산서를 발행할 수 없는 경우도 있어 거래 상대방이 매입세액 공제를 받지 못하게 하는 불편을 초래할 수 있다.

따라서 간이과세자로 등록하기 전에 사업 규모와 업종 특성을 고려해야 한다. 매입비용이 적고 단순한 거래 구조를 가진 사업자라면 간이과세자가 유리할 수 있다. 반면, 매입세액 공제가 중요한 업종이라면 일반과세자가 더 적합할 수 있다. 결론적으로, 간이과세자는 소규모 사업자들에게 효율적인 세금 제도를 제공

`part 02`

하지만, 개별 사업의 특성에 따라 제도의 장단점을 신중히 평가해야 한다.

05
거래처가 부도 났는데, 부가세는 어떻게 되나요?

최근의 경기불황으로 인하여 외상매출채권에 대한 대손금 관련 세무처리에 대해 관심이 많아졌다. 여러 가지 사유로 대금을 수령하지 못하는 경우에도 사업자는 어디까지 세금을 감수해야 하는지 확인할 필요가 있다. 그래서 외상매출금의 전부 또는 일부를 거래상대방의 부도·파산 등의 사유로 받지 못하여 부가세를 회수하지 못할 경우 매출세액에서 공제받을 수 있는 대손세액공제에 대해 알아보겠다. 대손세액공제는 사업자의 자금 부담을 완화하고 경제적 손실을 방지하기 위한 제도이다.

[사 례]

'갑'이 2022년 4월에 거래처에 어음을 받고 4,400만원 상당의 물품을 외상으로 판매를 했다고 가정해보자. 2022년도 7월에 부가가치세 신고할 때 이 거래에 대한 부가세 400만원도 납부했다. 그런데 2023년 10월 거래처가 부도나는 바람에 물품 대금을 회수할 수 없게 되었고 결국 부가세 400만 원만 납부한 결과가 됐다. 이런 경우에 어떻게 구제받을 수 있을까.

2022년 4월	거래처에 4,400만원 외상 판매
2022년 7월	부가가치세 신고시 400만원 부가세 납부
2023년 10월	거래처 부도로 물품 대금 미회수

이 사례를 살펴보면 대금회수도 못했는데 부가가치세를 이미 납부했다. 부가가치세는 매출 대금의 회수와는 상관이 없다. 대금을 받고 못받고는 상관없이 세금계산서를 발급했다면 신고·납부 해야 한다. 세금계산서는 거래에 대한 공급시기에 발행이 되어야 하고 보통은 대금 지불 전에 대부분 세금계산서가 먼저 발행이 되고 그 다음에 대금이 회수가 된다. 그런데 그 중에는 1·2년이 지나도 회수가 안되는 불량 매출채권이 있을 수 있다. 이러한 경우 먼저 납부한 부가가치세를 다시 돌려받을 수 있는지 알아보자.

세법에서는 이런 경우를 위해 대손이라는 개념을 두고 있다. 대금회수를 못하는 경우 그 금액만큼은 손실처리하는 것이다. 부가가치세 역시 이런 개념을 가지고 있는데 대손세액공제라는 제도다. 회수를 못하는 것이 명백하다고 인정되는 경우에는 이미 납부한 부가가치세를 돌려받을 수 있는 제도다. 돌려 받을수 있다고 해서 아무 때나 대손 처리가 되는 것은 아니다. 대손세액공제를 신고할 수 있는 사유가 있어야 한다. 사업자가 대손세액공제를 받게 되면 국가에서는 이 해당 거래에 대해서 부가가치세를 받을 수가 없다 보니 굉장히 요건을 까다롭게 하고 있다. 어떠한 요건이 있어야 하는지 알아보자.

대손 세액공제 사유

첫 번째 소멸시효가 완성된 채권이어야 한다.

상행위로 인한 채권은 5년간 행사하지 않으면 소멸시효가 완성된다. 민법상 일반채권의 소멸시효는 10년으로 규정하고 있다. 특별히 3년 또는 1년의 단기소멸 시효를 두고 있어 우선 적용한다. 도급받는 자, 기타 공사의 설계 또는 감독에 종사하는 자의 공사에 관한 채권, 생산자 및 상인이 판매한 생산물 및 상품의 대가는 소멸시효가 3년이다. 여관이나 음식점은 1년이다. 그밖에 민사채권 3년 또는 1년일지라도 재판 판결에 의해 확정된 외상

part 02

매출채권은 소멸시효가 10년으로 바뀌는 부분도 체크해야 한다.

두 번째 거래처(채무자) 파산·강제집행, 협의 집행, 사업의 폐지, 사망, 실종 또는 행방불명으로 회수할 수 없는 채권이다.

채권을 대손으로 확정하는 경우에는 객관적인 자료에 의하여 그 채권이 회수불능임을 입증해야 한다. 확인서나 증명서를 교부받을 수 없는 사업의 폐지 여부 · 무재산 등에 관한 사항은 채권관리부서의 조사보고서등에 의해 확인할 수 있다.

세 번째 부도 발생일로부터 6개월 이상 지난 수표 또는 어음상의 채권 및 외상매출금으로서 부도발생일 이전의 채권이어야 한다.

다만 해당 법인이 채무자의 재산에 대해 저당권을 설정하고 있는 경우는 제외한다.

마지막으로 가장 중요하고 손쉬운 방법으로 중소기업의 경우 2년 이상 지난 외상매출금 및 미수금은 대손세액공제 적용을 받을 수 있다.

채권자가 중소기업이면 별도의 증빙이 없어도 대손세액공제 처리가 가능하다.

다만 이 때 회사가 외상매출금을 회수 할 수 있었음에도 불구하고 스스로 포기하는 경우에는 대손으로 처리할 수 없음을 유의해야 한다. 대손 처리를 넓게 인정하면 고의로 재산을 무상으로 이전할 수도 있기 때문이다. 회수 노력없이 외상매출금을 포기한다거나 소멸시효가 완성이 되었다면 업무 관련 접대비로 대손세액공제를 받지 못하는 경우가 발생할 수도 있으니 회수노력이 중요하다.

대손세액공제를 받으려는 사업자는 대손사유가 발생한 과세기간에 부가가치세 확정신고시 해당하는 내용을 관할 세무서에 신고해야 한다.

위에 사례에서는 부도가 2023년 10월에 발생했다. 부도 발생일로부터 6개월 이상 지난 2024년도 4월에 대손이 확정됐기 때문에 2024년도 7월에 부가세 확정신고를 통해서 해당 부가세를 돌려받을 수 있다. 거래처의 이러한 여러 가지 사유로 대금을 회수하지 못한 경우에는 그 거래처의 부도 발생 여부 또는 회수기일

part 02

이 2년 이상 경과한 채권인지를 확인해서 미리 납부했던 부가세 금액을 꼭 환급받자.

2022년 4월	거래처에 4,400만원 외상 판매
2022년 7월	부가가치세 신고시 400만원 부가세 납부
2023년 10월	거래처 부도로 물품 대금 미회수
2024년 4월	부도 발생일로 6개월 이후, 대손 확정
2024년 7월	부가가치세 신고시 대손세액공제로 부가세 환급

06
사업을 그만둘 때에도
세금을 고민해야 한다

하루에도 수천 개의 사업체가 새로 사업을 시작하고 폐업하고 있다. 폐업을 하는 경우에는 보통 상황이 좋지 않아서 하기 때문에 경황이 없어 폐업 관련해서 잘 정리하지 못해 불필요한 세금을 부담하는 경우도 있다. 창업과 마찬가지로 폐업을 할 때도 절차가 있다. 따라서 폐업할 때도 폐업 신고와 세금 신고등 마무리를 잘 해야만 한다. 폐업과 관련해서 고려해야 하는 세금 관련 사항에 대해 알아보자

처음 사업을 시작하게 되면 사업자등록 신청, 직원고용시 4대보험 신고 및 인건비 신고, 부가가치세 신고, 마지막으로 종합소득세 신고로 구분이 된다. 세부적으로 조금 다를 수는 있지만 폐업을 하는 경우에도 창업시 진행하는 절차와 크게 다르지 않다. 먼저 사업자 폐업신고, 인건비 신고 및 4대보험 탈퇴신고, 부가가치세 신고, 마지막으로 종합소득세 신고 이렇게 네 가지로 요약된다.

`part 02`

폐업시 절차

첫 번째 폐업을 결정하게 되면 제일 처음 진행해야 하는 절차는 바로 폐업 신고를 해야 한다.

폐업 신고의 경우 홈택스 또는 세무서 방문을 통해 신청이 가능하다. 폐업신고시에는 폐업 일자와 폐업 사유를 기재하고 제출하면 폐업 신고가 마무리 된다. 다만 폐업 신고를 하기 전에 유의할 부분이 있다. 폐업일 이후에는 세금계산서나 계산서 발행이 불가능하고 폐업일 이후에 발급받은 세금계산서의 경우에는 매입세액공제가 되지 않는다. 세금계산서를 발행하거나 발행받는 경우라면 반드시 폐업일 이전에 처리하여 문제되는 일이 없도록 해야 한다. <u>폐업을 한 후에는 폐업사실증명원을 발급받아 국민연금관리공단 및 국민건강보험공단에 제출하면 연금이나 보험료도 줄일 수 있다.</u>

두 번째는 폐업신고에 따른 부가가치세 신고이다.

개인사업자 중 간이과세자인 경우에는 1월 1일에서 12월 31일까지 거래를 다음해 1월 25일까지 한번 부가가치세를 신고한다. 일반과세자는 상반기 거래는 7월 25일까지 하반기 거래는 다음 해 1월 25일까지 두번 신고를 한다. 하지만 폐업을 하는 경우에는 신고 기간이 달라진다. 과세기간 개시일로부터 폐업일까지 거래를 폐업일이 속하는 달의 다음 달 25일까지 폐업에 대한 부가가치세 신고를 해야 한다. <u>예를 들어 5월 10일자로 폐업을 한 경우에는 다음달 6월 25일까지 부가가치세 신고를 해야 한다.</u> 일반적인 신고 기간과 다르기 때문에 유의해야 한다. 신고 기한을 놓치게 되면 가산세가 발생하므로 불이익이 없도록 하자.

세 번째 폐업 부가가치세 신고시 일반 부가가치세 신고와 다른 부분이 있다.

<u>폐업시 잔존재화에 대한 부가가치세 신고이다.</u> 폐업시 잔존재화라고 하면 사업을 하면서 매입하고 부가가치세 공제를 받은 자산 중 폐업시점에 남아있는 재고자산, 비품, 기계장치, 시설장치 등을 말한다. 이러한 자산들은 판매하거나 사업용으로 사용하는 것을 전제로 부가가치세 공제를 받았기 때문에 폐업을 하게 되는 경우 폐업시점에 남은 재화를 개인사업자가 대표 개인에게

part 02

공급한 것으로 보고 부가가치세를 징수하게 된다. 재고자산과 같이 감가상각자산이 아닌 경우에는 시가로 부가가치세가 과세된다. <u>비품과 기계장치의 경우 2년, 건물과 구축물의 경우에는 취득 후 10년 안에 폐업을 하면 전부는 아니라도 매입세액공제를 받은 것에 대해서는 재납부를 해야 할수도 있다.</u> 부가가치세 신고시 폐업시 잔존재화에 대한 부가가치세를 누락하여 신고하는 경우가 많기 때문에 꼭 확인하고 신고하길 바란다.

네 번째는 인건비 신고다.

인건비 지급이 있는 경우에 폐업 전까지 발생할 비용에 대해서는 인건비 신고가 필요하다. <u>인건비 신고를 진행하고 추후 지급명세서를 제출해야만 다음 해 5월 종합소득세 신고 시 비용을 인정받을 수 있다.</u> 지급명세서의 경우 제출이 누락되면 가산세가 부과될 수 있기 때문에 이 부분도 놓치지 말아야 한다. <u>특히 4대보험이 가입된 직원이 있는 경우에는 4대보험 상실신고 및 사업장 탈퇴신고를 진행해 주어야 한다.</u> 4대보험 상실신고가 되어있지 않은 경우에 4대보험이 계속 부과되어 불이익을 받을 수 있다.

마지막 처리해야 되는 부분은 바로 종합소득세 신고이다.

폐업한 사업자가 가장 많이 놓치는 부분 중에 하나가 다음해 5월 달에 종합소득세 신고를 해야 한다는 사실이다. 폐업을 했는데 이익이 난 경우 종합소득세 신고를 놓치게 되면 무신고 가산세와 납부지연 가산세가 부과된다. <u>이와는 반대로 손실이 난 경우 세금이 안 나온다고 신고를 안하는 경우가 있는데 보통 이럴 경우에는 세무서에서 추계(매출액에 업종별 기준율 적용)로 세금을 결정하기 때문에 장부로 손실을 입증하지 않으면 세금이 부과되는 경우가 있다.</u> 장부로 종합소득세 신고를 하게 되면 폐업한 사업의 발생한 손실과 다른 소득이 상계가 되거나 다른 소득이 없어서 상계되지 않을 경우 무려 15년간 손실이 이월 된다. 이것을 이월결손금이라고 한다. 이월결손금은 추후 사업을 다시 하게 될때 발생하는 소득과 상계되어 종합소득세를 줄일 수 있다. 결국 이익이 나건 손실이 나건 종합소득세 신고는 꼭 해주어야 한다.

03

아는 만큼 절세하는
종합소득세

1. 종합소득세 신고시 합산하여야 하는 소득은?
2. 나에게 맞는 종합소득세 신고 유형 찾기
3. 업무용 자동차, 어디까지 비용 처리할 수 있나?
4. 종합소득세 절세방법 11가지 알아보기
5. 성실신고확인 대상자 혜택과 절세방안
6. 근로자도 알아야 할 종합소득세

01
종합소득세 신고시 합산하여야 하는 소득은?

종합소득세란 개인이 한 해 동안 경제활동으로 얻은 소득에 대하여 납부하는 세금을 말한다. 1년 동안 개인에게 귀속된 사업과 관련된 소득이외의 다른 소득도 종합해서 매년 5월 말일(성실신고확인서 제출자는 6월 말)까지 자진신고 및 납부해야 한다.

5월에 신고하는 종합소득이란 이자소득, 배당소득, 사업소득, 근로소득, 연금소득 및 기타소득을 합한 여섯가지 소득을 말한다. 그래서 원칙적으로는 여기에 나열된 소득 중에 하나라도 소득이 있으면 종합소득세 신고를 해야 한다. 그런데 각 소득마다 예외규정이 있다. 근로소득의 경우에는 다른 소득이 없으면 연말정산으로 마무리가 된다. 그런데 근로소득 외에 위에 열거한 소득이 있다면 근로소득과 합산하여 종합소득세 신고를 해야한다.

좀 더 구체적으로 따져보자.

첫 번째 이자소득이나 배당소득의 경우에는 **2,000만원**이 초과하게 되면 금융소득 종합과세 대상이 되어 종합소득 신고를 해야 한다.

물론 2,000만원 이하이면 분리과세로 끝나기 때문에 상관이 없다. 그런데 2,000만원을 초과하게 되면 금융소득 종합과세 대상으로써 이때 근로소득이 있는 경우에는 근로소득과 금융소득을 합산해서 같이 신고를 해야한다.

두 번째 사업소득이 있는 경우다.

직장을 다니면서 사업을 하는 경우도 있을 수 있다. 부동산 임대소득, 주택 임대소득, 사업소득등 사업자등록증을 발급받아 사업을 하는 경우, 사업자등록증 없이 프리랜서로 3.3% 원천징수하는 사업소득이 있다. 이렇게 사업소득이 발생한 경우에는 종합소득 신고를 반드시 해야 한다. 종합소득세 신고를 할때는 사업소득과 연말 정산했던 근로소득까지 합산해서 하면 된다.

세 번째 연금소득이다.

연금소득은 많이 복잡하다. 무조건 분리과세 대상인 연금소득을

part 03

제외하고는 종합소득세 확정신고를 하는 것이 원칙이다. 예를 들어서 사적연금 같은 경우에는 연간 수령분이 1,500만원 이하인 경우에는 저율(3,4,5%)분리과세 또는 종합과세를 선택할 수 있다. 1,500만원 초과의 경우에는 고율(15%)분리과세와 종합과세를 선택할 수 있다.

네 번째 기타소득이 있는 경우다.

종합과세 대상인 기타소득은 연간 300만원 이하의 소득은 분리과세 또는 종합과세를 선택할 수 있다. 하지만 300만원이 넘게 되면 종합소득세 신고를 해야 한다. 이때 기타소득금액의 기준 300만원은 기타소득 총액이 아니라 필요경비를 뺀 나머지를 가리킨다. 예를 들면 인적용역의 기타소득 같은 경우에는 필요경비율이 60%다. 기타소득이 600만원일 경우 필요경비 360만원을 차감하면 기타소득금액이 240만원이 된다. 이런 경우에는 분리과세 또는 종합과세를 선택할 수 있는데 각자의 소득에 따라 유불리를 결정하면 된다. 그래서 인적용역에 해당하는 기타소득일 경우에는 750만원을 초과해야 종합소득세 신고 대상이 된다.

여기에 해당하는 이들은 종합소득세 신고를 꼭 해야 한다. 특히 절세를 하기 위해서는 정해진 신고기한 내(매년 5월31일까지)에 신고하기 바란다.

02
나에게 맞는
종합소득세 신고 유형 찾기

종합소득세 신고시 **장부작성기준**과 **추계신고기준**에 대해 알아보자.

개인사업자는 1년 동안 벌어들인 소득을 다음해 5월달 말까지 종합소득세 신고를 해야 한다. 종합소득세를 신고할 경우 장부를 작성하여 신고하는 방법와 장부를 작성하지 않고 추계로 신고하는 방법이 있다. 장부에 의한 신고는 복식부기 또는 간편 장부를 작성하여 신고하는 것을 의미하며, 추계신고는 세법이 정한 업종별 경비율을 차감한 금액을 소득금액으로 하여 신고하는 방법을 말한다.

복식부기의무자와 간편장부의무자

법인은 무조건 복식부기의무자에 해당하나, 이와 달리 개인의 경우 직전연도 수입금액, 당해 연도 수입금액에 따라 복식부기 또는 간편장부 대상자로 기장의무가 달라지며 이에 따라 지켜야 될 의무와 혜택이 달라지므로 신고유형의 결정이 중요하다.

복식부기란 해당 사업의 재산과 손익을 기록하여 계산하는 방법을 말한다. 장부작성의 원칙은 복식부기로 하되, 소규모 자영업자를 위한 간편장부 작성도 가능하다. 간편장부 대상자는 당해 연도에 신규로 사업을 개시한 사업자와 전년도 수입 금액이 다음의 업종별 기준금액에 미달하는 사업자를 말한다. 도소매업은 3억원, 제조업·숙박및음식점·건설업·운수업은 1억 5천만원, 부동산임대업·교육서비스업·보건업 등은 7500만원에 미달하는 경우이다. 하지만 의료업·수의업·약국·변호사 등 전문직 사업자에 대해서는 무조건 복식부기로 작성해야 한다.

복식부기의무자와 간편장부의무자		
구 분	복식부기의무자 (전기수입금액기준)	간편장부대상자 (전기수입금액기준)
도소매업등	3억 이상	3억 미만
제조업·숙박및음식점·건설업·운수업등	1억5천만원 이상	1억5천만원 미만
부동산임대업·교육서비스업·보건업등	7천5백만원 이상	7천5백만원 미만

간편장부 대상자의 기장 의무 관련하여 혜택과 불이익이 있다.

part 03

간편장부 대상자가 복식부기에 의해 장부를 기장하고 신고하는 경우 산출세액의 20%를 한도 100만원까지 세액공제를 해준다. 간편장부 대상자가 장부를 작성하지 않고 추계 신고하는 경우 무기장 가산세가 부과된다. 하지만 해당 과세연도에 신규로 사업을 개시하거나 소규모 사업자인 경우에는 무기장 가산세를 부과하지 않는다. 무기장 가산세가 생각보다 크기 때문에 소규모 사업자가 아니라면 장부를 작성하는 것을 추천한다. 기장세액공제는 간편장부대상자가 복식부기로 작성하는 경우 혜택을 볼 수 있으며 추계신고할 경우 무기장가산세는 간편장부 대상자 중 소규모 사업자는 부과되지 않지만 이외 사업자는 부과됨을 주의하기 바란다.

기준경비율과 단순경비율에 대해서 알아보도록 하겠다.

개인사업자인 경우 업종별로 전년도 수입금액과 당해연도 수입금액 모두 충족하는 경우 단순경비율이 적용되며 하나만 충족되는 경우에는 기준경비율이 적용된다.

단순경비율 대상자

구 분	기준금액 요건	
	계속사업자 (전기수입금액기준)	신규사업자 (당기수입금액기준)
도소매업등	6천만원 미만	3억 미만
제조업·숙박및음식점·건설업·운수업등	3천6백만원 미만	1억5천만원 미만
부동산임대업·교육서비스업·보건업등	2천4백만원 미만	7천5백만원 미만

기준경비율 대상자

구 분	기준금액 요건	
	계속사업자 (전기수입금액기준)	신규사업자 (당기수입금액기준)
도소매업등	6천만원 이상	3억 이상
제조업·숙박및음식점·건설업·운수업등	3천6백만원 이상	1억5천만원 이상
부동산임대업·교육서비스업·보건업등	2천4백만원 이상	7천5백만원 이상

단순경비율을 적용해야 할지 기준경비율을 적용해야 할지 기준별로 알아보자.

구 분	기준금액 요건		추계 신고 유형
	전년도	당해연도	
도소매업제조업·숙박및음식점 건설업·운수업등	3천만원	1억원	단순경비율
	5천만원	3천만원	기준경비율
	5천만원	1억원	기준경비율
	5천만원	2억원	기준경비율

단순경비율 및 기준경비율 적용 시 주의해야 할 사항이 있다. 단

part 03

<u>순경비율 대상자는 추계신고시 단순경비율과 기준경비율등 선택이 가능하지만 기준경비율 대상자는 단순경비율 적용이 불가하다.</u> 복식부기 의무자가 추계신고할 경우에는 기준경비율의 2분의 1을 적용한다. 전문직의 경우 복식부기 의무대상 대상자이며 장부를 작성하지 않고 추계신고 시에는 단순경비율 적용을 배제하고 무조건 기준경비율을 적용한다.

지금까지 살펴본 것 같이 장부작성 및 추계신고 방법으로 사업소득 금액이 정해지면 그 외 종합소득 금액을 합산하여 종합소득세를 계산하기 시작한다. 각종 종합소득공제와 세액공제를 추가 활용한다면, 절세 효과는 더욱 커질 수 있다. 개인사업자가 종합소득세를 절세하기 위해서는 사업자 지출증빙 관리가 필요하다. 세금계산서, 신용카드, 현금영수증을 통해 경비를 최대한 사용하고 경조사 및 간이영수증을 잘 챙겨두는 것도 절세에 도움이 된다. 장부를 작성하여 신고할 것인지 추계로 신고할 것인지 실익을 잘 따져보고 절세 효과를 보기 바란다.

03
업무용 자동차, 어디까지 비용 처리할 수 있나?

개인사업자의 비용처리는 부가가치세와 종합소득세로 두 가지로 나눠볼 수 있다.

첫 번째 부가가치세법에서 쟁점이 되는 부분은 매입세액 공제 여부이다.

차량 관련 비용은 부가가치세법상 매입세액이 공제될까? <u>결론부터 말하면 개별소비세가 과세되는 차량은 매입세액 공제가 불가능하고, 개별소비세가 과세되지 않는 차량은 부가가치세법상 매입세액 공제가 가능하다.</u> 따라서 개별소비세가 과세되지 않는 탑승인원 9인승 이상의 승합자동차, 화물승합차, 배기량 1000CC 미만의 경차, 배기량 125CC이하의 이륜자동차는 매입세액 공제가 가능하다. 이외에도 승용차가 영업용 자산에 해당하는 운수업, 자동차 판매업, 자동차 임대업, 운전학원업, 무인경비업의 출동차량, 기타 이와 유사한 업종은 영업용으로 사용하는 차량에 대해서는 개별소비세가 과세되는 차량이라고 하더라도 매입세액 공제가 가능하다.

두 번째 소득세법상 관점에서 살펴보겠다.

소득세법에서 주요 쟁점은 비용으로 처리할 수 있느냐 없느냐에 대한 문제이다. 소득세법에서는 업무용(비영업용) 승용차의 비용처리에 대해서 제한을 두고 있다. 업무용 승용차란 일반적으로 개별소비세가 과세되는 차량을 뜻한다. 따라서 앞서 살펴본 개별소비세가 과세되지 않는 차량이거나 영업용 차량의 경우에는 업무용 승용차 관련 규정을 적용받지 않기 때문에 전액 비용처리가 가능하다.

차량관련비용은 감가상각비, 임차료, 리스료, 유류비, 보험료, 수리비, 자동차세, 통행료 , 승용차 금융리스에 대한 이자비용 등 승용차의 취득 및 유지를 위한 비용 일체를 말한다. 업무용 승용차 비용처리 관련 규정은 어떤 것들이 있는지 살펴보자. 차량을 구입하는 방법은 직접 구입, 리스, 렌트의 방법이 있다. <u>어떤 방법으로 차량을 구입했던 간에 연간 감가상각비 한도는 800만원</u>

이다.

차량을 직접 구입한 경우에는 전체 차량 구입 가격을 5로 나눈 금액이 감가상각비가 되고 리스한 경우에는 리스료에서 보험료·자동차세·수선비 등을 제외한 금액을 감가상각비 상당액으로 본다. 차량을 렌트한 경우에는 렌트비용의 70%를 감가상각비 상당액으로 본다.

그렇다면 연간 감가상각비가 800만원이 넘어가는 경우에는 비용 처리를 어떻게 할까?

감가상각비중 업무용비용[1]에 해당하는 금액을 초과하는 경우 비용으로 처리하지 못하지만 업무용사용 금액에 해당하면 당해 비용 처리하지 못한 금액은 다음 연도 그 다음 연도로 계속하여 이월하여 비용으로 처리 가능하다.

차량 구입 비용 외에도 유류비, 보험료, 수선비, 자동차세, 통행료, 주차비 등 업무용 승용차 관련하여 발생하는 부대 비용은 운

---

1) 업무용 사용금액 : 업무용 사용금액 : 법인의 경우 임직원전용보험 가입이 필수요건이나 개인의 경우 해당이 없으며, 법인, 개인 모두 국세청이 고시하는 차량운행 기록을 작성한 경우에 의하여 업무사용 비율만큼 손금으로 인정되나, 운행기록이 없는 경우에는 1대당 1500만원까지만 업무용 사용금액으로 인정한다.

part 03

행일지를 작성하지 않을 경우 감가상각비를 포함하여 1500만원까지 비용처리가 가능하다. 운행일지를 작성하는 경우에는 운행일지에 기록된 업무사용 비율만큼 한도 없이 비용 처리가 가능하다. 예를 들어 운행 일지를 100% 업무 사용으로 작성한다면, 한도 없이 전액 비용 처리가 가능하다.

그럼 두 대 이상의 차량도 비용 처리가 가능할까?

현재 규정으로는 개인 사업자의 경우 차량이 두 대 이상일 때 두 대째부터 업무전용자동차보험에 가입해야 한다. 즉 한 대만 보유하면 개인보험에 가입해도 된다. 다만 공동사업자의 경우에는 구성원수에 상관없이 승용차 1대를 제외하고 나머지 승용차는 업무전용보험에 가입하여야 한다. 업무전용 자동차보험에 가입하지 않은 경우에는 업무사용비율의 50%만 경비로 인정, 성실신고 확인대상사업자나 전문직종에 종사하는 사업자는 경비처리를 할 수 없으므로 주의하여야 한다. 현재 규정상으로는 2026년부터는 일반적인 개인사업자도 업무전용 자동차보험에 가입하지 않으면 경비처리를 할 수 없으므로 참고하면 좋을 것 같다.

소득세법에서 업무용 차량과 관련된 모든 규정은 복식부기 의무자만 적용하고, 간편장부 대상자는 적용하지 않는다.

04
종합소득세 절세방법
11가지 알아보기

종합소득세 신고시 절세 할 수 있는 11가지 방법에 대해서 알아보자.

첫 번째는 신용 카드나 체크카드 사용 및 적격 증빙 챙기기다.

<u>홈택스에 사업용 신용카드를 등록</u>해 놓으면 매분기별 부가세 신고 및 종합소득세 신고시 경비영수증을 따로 모으는 번거로운 과정을 피할 수 있다. 추가적으로 신용카드 외에 현금 사용 시 사업자 지출증빙용 현금영수증 등을 챙기면 모두 경비로 인정되기 때문에 무조건 꼼꼼하게 챙겨야 그만큼 절세할 수 있다.

두 번째는 기업업무추진비(접대비) 인정범위 숙지하기다.

일반적으로 기업업무추진비(접대비)의 1회 지출한 접대비 중 1만원 초과의 접대비는 정규증빙(신용카드, 계산서, 세금계산서,

현금영수증)을 교부받은 것에 한해 접대비로 인정한다. 현금으로 지출했을 경우 접대비 사용 금액 전액을 비용으로 인정 해주지 않는다. 그런데 업무와 관련 있는 <u>거래처의 경조사비로 지출하면서 현금 이외에 다른 지출 수단이 없는 경우도 종종 발생하는데, 현금사용시 건당 20만원까지 접대비로 비용 인정이 가능하다.</u> 요즘은 청첩장 부고문 등이 SNS로 많이 발송된다. 비용 인정을 위해 이런 문자 등을 캡처하고 출력해 증빙용으로 보관해 놓으면 좋다. 법인 접대비 한도액은 일반 기업은 연간 1,200만원이고 중소기업 3,600만원이다. 사업 월수가 1년 미만일 경우 월수에 곱하기 해서 산출하면 된다.

세 번째는 인건비 신고하기다.

소규모 사업자들의 경우 직원이나 프리랜서 고용 후 인건비를 지급하고 신고는 하지 않는 경우가 많다. <u>인건비를 지급했다면 다음달 10일까지 원천징수이행상황신고서를 제출해야 인건비를 비용으로 인정 받을 수 있다.</u> 정규직으로 채용했을 경우 4대보험 가입이 의무이고 국민연금과 건강보험은 사후 사업주와 근로자

part 03

가 각각 5대 5로 부담한다. 고용보험은 급여 0.9%는 근로자 부담, 나머지 고용보험 금액은 사업주가 부담한다. 산재보험은 전액 사업주가 부담하고 4대 보험의 사업주 부담분에 대해서는 모두 경비처리가 가능하다.

네 번째는 고정자산 감가상각 공제받기다.

사업을 위해 보유한 차량이나 컴퓨터 및 주변 장치 같은 비품 등은 고정자산으로 등록해 법에서 정해진 연수와 비율에 따라 매년 감가상각비로 경비 인정을 받을 수 있다. 사업자등록 이전 구입했을 경우는 부가세 매입세액 공제를 받을 수 없다.

다섯 번째 부양가족 소득공제다.

배우자와 부양가족은 연간 소득금액이 100만원 이하자로서 부양가족은 20세 이하, 60세 이상 연령제한이 있다. 70세 이상은 경로우대 추가공제가 가능하다. 장애인은 연령 제한이 없으며 소득금액 제한만 있다. 나이 및 장애인 여부는 12월 31일 현재 상황에 따른다. 배우자 공제는 연도 중에 이혼한 경우에는 해당되지 않으나 연도 중에 사망한 배우자는 공제가 가능하다. 혼인신고가 되어있지 않은 사실혼 배우자는 공제대상 배우자에 해당하지 않는다.

여섯 번째는 노란우산공제 혜택받기다.

노란우산공제는 저축도 하고 세금도 절세하는 일석이조의 제도다. 소득금액이 4,000만원 이하이면 최대 600만원, 4,000만원에서 1억원 이하는 400만원, 1억원 초과는 200만원까지 공제 혜택을 받을 수 있다.

일곱 번째는 연금저축 세액공제 받기다.

세액공제 대상 연금저축과 퇴직연금은 납입한도가 900만원이다. 연금저축 납입시 소득금액이 4,500만원 이하는 불입금액의 15%, 4,500만원 초과는 불입금액의 12%씩을 각각 세액공제 받을 수 있다.

part 03

여덟 번째 기장세액공제 활용하기다.

기장능력이 부족한 간편장부 대상자들의 '복식 장부'를 유도하기 위해 만든 제도가 기장세액공제다. 간편장부 대상자가 종합소득세 신고시 복식부기로 신고를 하면 세액의 20%, 100만원 한도로 공제가 된다. 보통 매출금액이 적은 1인 기업이나 프리랜서들 중 간편장부 대상자가 많은데 만약 매출액이 많다면 복식장부를 활용해 신고하면 절세에 도움이 된다.

아홉 번째 적자일때도 세금신고 하기다.

보통은 수입이 없으니 납부할 세금도 없다고 여기고 신고를 하지 않는데, 이럴 경우 자칫 손해를 볼 수 있다. 예를 들어 올해 사업이 부진해 수입은 2,000만원에 그쳤는데 비용지출은 4,000만원이 발생했다 치자. 이 경우에도 장부를 작성해 결손금을 이월시켜 놓아야 한다. 그렇지 않고 내년 경영여건이 나아져서 장부상 4,000만원의 흑자를 내고 손실을 만회했을 경우, 실제 벌어들인 돈은 없는데 4,000만원에 대한 세금을 부과받게 된다. 때문에 적자가 발생했더라도 나중을 생각해서 종합소득세신고는 꼭 해야 한다.

열 번째는 업종별 지역별 세액 감면 범위 확인하기다.

중소기업 특별세액 감면은 업종별로 5%에서 30%까지 가능하고, 창업 중소기업 세액 감면은 50%에서 최대 100%까지 받을 수 있다. 사업장의 업종이나 사업을 하고 있는 지역이 감면에 해당하는지 확인 후 종합소득세 신고 시 꼭 적용하여 절세할 필요가 있다.

마지막 열한 번째는 신고기한 지키기다.

종합소득세의 경우 매년 5월 31일 까지가 신고기한인데 법정신고기한내에 신고를 하지 않았을 경우 납부 세액에 대해 납부불성실가산세가 적용된다. 혹여 자료 준비가 미비하더라도 일단 준비된 자료라도 기한 내에 꼭 신고해야 하는 것이 먼저다.

05
성실신고확인 대상자 혜택과 절세방안

사업장을 운영하는 경우라면 매년 5월에 종합소득세 신고 및 납부를 해야 한다. 그런데 연간 수입금액이 일정 기준을 넘는 경우에는 성실신고대상자로 5월이 아닌 6월까지 종합소득세 신고 및 납부를 하면 된다. 그렇다면 성실신고 제도가 무엇인지 정확하게 알아보고 혜택 및 주의사항 등을 짚어보자.

성실신고대상자는 수입금액이 업종별로 일정 규모 이상인 개인사업자를 의미한다. 성실신고대상자로 분류된 경우는 종합소득세 신고 시 세무사나 공인회계사에게 확인을 받은 후 성실신고확인서를 제출해야 한다. <u>종합소득세 신고기간은 5월31일에서 6월 30일로 연장된다. 성실신고대상자임에도 불구하고 성실신고확인서를 제출하지 않을 경우에는 종합소득세액의 5%에 해당하는 미제출 가산세가 부과된다. 더불어 세무조사 대상자로 선정될 수 있다.</u> 또 세액공제 혜택 적용이 불가능해 납부하지 않아도 되는 세금까지 더 납부해야 하는 경우도 있다. 때문에 반드시 성실신고확인서를 제출해서 세금 신고의 성실성을 인정받고, 세무조사 등의 불이익을 예방해야 한다.

그러면 어떤 경우에 성실신고확인대상자로 분류되는지 선정 기준을 알아보자. ① 농업·임업 및 어업, 광업, 도매 및 소매업(상품중개업 제외), 부동산매매업은 15억원 이상 ② 제조업, 숙박업 및 음식점업, 건설업, 운수업, 창고업, 정보통신업, 금융 및 보험업 등 7억5,000만원 이상 ③ 부동산임대업, 부동산업, 전문·과학 및 기술서비스업, 사업시설관리·사업지원 및 임대서비스업, 교육서비스업, 보건업 및 사회복지서비스업, 예술·스포츠 및 여가관련 서비스업등은 5억 이상이 해당된다.

구 분	성실신고 대상자(당기 수입금액)
도소매업등	15억 이상
제조업·숙박및음식점·건설업·운수업등	7억 5천만원 이상
부동산임대업·교육서비스업·보건업등	5억 이상

많은 사업장 대표들이 성실신고를 꼭 해야 하는지, 안하면 안되는지에 대해 물어온다. 성실신고세금이 일반 일반과세자보다 크다고 오해하기 때문이다. 정확하게는 매출누락, 가공경비, 가공

(part 03)

인건비 등을 세무사가 사업용 계좌에 입출금을 통해 확인해오면서 금액들이 노출됨으로 인해 이익에 따라 세금이 커지는 거지 이유없이 많이 나오는 건 아니다. 혹 안전하게 신고하다 보니까 거기서 파생되는 이슈가 있을 수는 있겠지만, 구조상 성실신고 대상자라 해서 무조건 세금이 많이 나오는 건 아니다. 오히려 일반적으로 성실사업자인 경우라도 알반과세자보다 더 낮은 세금을 납부할 수도 있다. 가결산을 통해 반영하지 못하고 있는 경비 등을 전부 파악한 후 또 다른 세제혜택을 받으면 가능하다.

성실신고확인대상자에게만 주어지는 별도의 혜택도 있다.

첫 번째는 종합소득세 신고 및 납부기한이 한달 연장된다는 점이다. 두 번째는 근로자들과 마찬가지로 의료비, 교육비, 월세 세액공제를 받을 수 있다. 세 번째 성실신고확인서를 제출하는 경우 120만원 한도내에서 성실신고확인비용의 60%를 세액공제받을 수 있다. 네 번째는 세무조사 면제, 정부지원사업 참여시 우대 등의 혜택을 받을 수 있다.

법인전환 고려

성실신고확인 대상자라면 한 번쯤 법인전환을 고려해본 사업주들이 많을 것이다. 매출액이 일정규모 이상일 경우 법인이 절세에 유리하기 때문이다. <u>성실신고확인대상자가 법인전환을 한 경우에는 처음 3년간은 법인 성실신고 확인을 받아야 하지만 그 이후 확인대상자에서 제외되며, 영업권 등의 절세가 가능하다는 장점이 있다.</u> 이외에도 법인전환시 다양한 장점이 있어서 일단은 법인전환을 많이 추천한다. 다만 법인전환을 어떻게 하느냐에 따라 세금감면 혜택이 달라지기 때문에 각 개인의 상황에 따라 절세전략을 세우는 것이 중요하다.

06
근로자도 알아야 할 종합소득세

5월은 종합소득세 신고의 달이다. 요즘은 근로자들도 종합소득세 신고를 하는 경우가 많다. 지난해의 경우만 해도 연말정산 신고자 중 종합소득세 신고자의 비율이 22%에 달했다.

대부분 근로소득 외 타 소득을 합산하거나 연말정산시 적용한 공제·감면을 정정하기 위해 종합소득세 신고를 한다. 근로자의 경우에는 대부분이 연말정산으로 끝난다. 그래서 연말정산만 하게 되면 별도로 종합소득세 신고를 하지 않아도 된다. 만약에 근로자가 연말정산외 별도로 종합소득세 신고를 해야 된다면 종합소득세 신고는 5월에 하면 된다.

5월에 신고하는 종합소득이란 이자소득, 배당소득, 사업소득, 근로소득, 연금소득 및 기타소득을 합한 여섯가지 소득을 말한다. 원칙적으로는 여기에 나열된 소득 중에 하나라도 소득이 있으면 종합소득세 신고를 해야한다. 그런데 각 소득마다 예외 규정이 있다. 근로소득의 경우에는 다른 소득이 없으면 연말정산으로 마무리가 된다. 그런데 근로소득 외에 위에 열거한 소득이 있다면 근로소득과 합산해 신고를 해야한다.

지금부터는 근로소득만 있는 경우에도 종합소득세 신고를 해야 하는 경우에 대해 살펴보자.

첫 번째는 이중근로 소득이다.

이중근로 소득이란 12월 31일 기준으로 보면 두 개 이상의 직장을 다니는 경우를 말한다. 이중근로자일 경우에는 주된 직장에서 다른 직장 근로소득까지 합산해서 연말정산하면 종합소득세 신고 대상이 되지 않는다. 그런데 각각의 회사에서 연말정산을 한 경우에는 합산시 세금이 달라지기 때문에 종합소득세 신고를 해야 한다.

두 번째는 이직한 경우다.

퇴사를 하고 연도 중에 다른 직장을 다닌 경우에는 현 직장에서

part 03

퇴사한 전직장 근로소득까지 합산해서 연말정산하면 된다. 하지만 전 직장에 연락해서 원천징수영수증을 받기가 여러 가지 이유로 어려워 연말정산시 합산 신고를 못한 경우에는 5월에 종합소득세 신고대상이 된다. <u>이전 회사의 원천징수영수증은 홈택스에서 실시간으로 조회할 수 있다. 조회 경로는 홈택스 → MY홈택스 →연말정산.지급명세서 → 지급명세서 등 제출내역을 조회하면 된다.</u>

세 번째는 연도 중에 퇴사한 경우다.

보통 연도 중에 퇴사를 하게 되면 중도 퇴사자 정산을 한다. 연말정산과 거의 비슷하지만 연말정산에 들어가는 소득공제나 세액공제 대상이 되는 자료를 잘 받을 수가 없는 상황이라 대부분은 퇴사할 때 기본공제만 적용하는 경우가 많다. 이럴 경우에는 5월에 연말정산 항목들을 챙겨 종합소득세 신고를 함으로 인해서 추가로 환급을 받을 수 있다. 물론 환급 받을 세금이 없을 경우에는 중도 퇴사자라도 신고할 필요는 없다. 만약에 퇴사자가 퇴사한 연도에 다른 사업을 했을 경우에는 근로소득과 사업소득등을 종합소득세 신고시 합산해서 신고해야 한다.

마지막으로 계속근로자다.

계속 근로자중에 지출 증빙을 제때 갖추지 못해 공제·감면을 빠뜨린 경우 종합소득세 신고시 반영할 수 있다. 환급금은 6월말까지 받을 수 있다. 놓치기 쉬운 항목은 월세세액공제나 기부단체 · 병원 ·학원에서 간소화 자료를 제출하지 않고 종이 영수증을 발급한 기부금, 의료비, 교육비(취학전 아동) 누락분 등이 있다.

또 공제·감면을 과다하게 적용해 소득세를 적게 냈다면, 종합소득세 신고시 정정하여 가산세를 피할 수 있다. 예를 들면 소득이 100만원 초과한 가족을 공제 대상자로 적용하거나 맞벌이 부부가 자녀를 중복하여 공제, 형제자매간에 부모님을 중복으로 공제한 사례를 들 수 있다.

종합소득세와 관련해서 근로자들도 연말정산을 한 이후에 5월달에 종합소득세 신고를 해야 되는 경우 몇 가지를 알아봤다. 언급

part 03

된 근로자들은 종합소득세 신고를 꼭 해야한다. 종합소득세 절세를 하기 위해서는 정해진 신고기한 내(매년 5월 31일까지)에 신고하는 것이 최선이다.

04

절세의 기술, 법인세

1. 법인 설립시 결정해야 할 다섯 가지 알아보기
2. 법인 정관만 잘 작성해도 세금 줄일 수 있다.
3. 임원퇴직금 지급시 유의해야 할 것들
4. 과점주주 세금이슈, 제2차 납세의무
5. 과점주주 세금이슈, 간주취득세
6. 가지급금의 폐해와 해결방법
7. 가수금의 실체와 해결방법

01
법인 설립시 결정해야 할
다섯 가지 알아보기

사업을 결심했다면 개인사업자로 시작할지 아니면 법인사업자로 첫발을 뗄지를 놓고 고민을 하게된다. 또 개인사업자로 출발했다가도 매출이 증가하면 법인 전환을 꾀하는 경우도 많다. 사업계획을 갖고 있는 경우라면 누구나 법인 설립에 대해 알아두는 것이 좋다. 법인은 설립 절차를 밟기 전에 먼저 결정해야 할 다섯 가지가 있다.

첫 번째 주식회사 구성원의 규모다.

법인을 설립하려면 기본적으로 주주 한 명은 필요하다. 그리고 사내이사도 한 명 필요하다. 주주와 이사는 겸임이 가능하기 때문에 상법상 한 명으로 법인을 설립할 수 있다. 넉넉한 인력풀을 갖추기 어려운 소규모 기업은 1명이 이사와 주주를 겸하는 1인 회사를 설립하는 방안을 검토해 볼 수 있는 것이다.
그렇다면 주주와 이사는 무엇이 다를까. 동일한 사람이 맡을 수는 있으나 법적으로는 완벽하게 구별되는 자리다. <u>주주는 회사에 돈을 투자한다. 이사는 경영을 한다.</u> 이사의 경우 투자 의무는 없기 때문에 반드시 주식을 소유할 필요는 없다. 많은 중소기업에서 최대주주가 이사를 겸하거나 동업자에게 이사직을 맡기면서 주식도 일부 교부하는 경우가 있지만 법적 의무는 아니다.

그런데 1인 기업이라고 해서 무조건 구성원이 한명만 필요한 것은 아니다. 주식회사는 설립등기를 신청할 때에 조사보고서를 제출한다. 그런데 조사보고서를 작성할 수 있는 사람은 상법상 주식이 없는 임원이나 공증변호사가 해야 한다. 그래서 설립할 때만이라도 주식이 없는 임원(보통 감사)을 넣거나 공증변호사에게 조사보고서 작성을 의뢰해야 된다. 공증변호사를 선임할 경우에는 공증비가 발생하기 때문에 주주가 아닌 임원을 두어 비용을 아낄 수가 있다. <u>결국 1인 법인을 설립할 때도 최소 2명이 필요하다고 생각하면 된다.</u>

두 번째는 자본금이다.
자본금이란 개인사업자의 경우에는 단순히 사업가가 내놓는 사

part 04

업밑천을 의미한다. 주식회사는 개인사업자와는 달리 그 의미가 법률에 의하여 규정되는데, 이 경우 자본금이란 주주가 납입한 자본 중 상법의 규정에 따라 계상한 부분을 일컫는다. 쉽게 말해 자본금은 회사가 발행한 주식의 총수에 주당 액면가를 곱한 것이다.

예전에는 법인을 함부로 설립할 수 없도록 하기 위해 자본금 5,000만원 이상이라는 자격기준을 두기도 했었다. 지금은 이런 기준이 없어져서 100만원 정도의 소자본만으로도 법인 설립이 가능해졌다. 그렇다고 해도 자본금이 너무 적으면 계속 돈을 빌려와서 운영을 해야 하거나 재무제표가 나빠질 수 있으니 적당한 금액을 확보하는 것이 좋다. 부채가 있을 때는 조금 더 넉넉하게 설정하는 게 좋다.

예를 들어 부채계정에는 1억원이 있고 자본금 계정에는 1,000만원 있다고 하자.

부채가 자본금을 크게 웃돌고 있으니 은행 및 외부기관은 당연히 부실기업을 간주하게 된다. 또 초기에는 임대료에 대한 보증금으로 자본금이 많이 빠져 나가기 때문에 이것까지 감안해 자본금을 설정하길 추천한다. 최근 설립된 회사들의 최초 자본금 규모를 보면 2,000만원 안팎이 가장 많다.

다만, 창업할 업종에 자본금 제한 규정이 있을 수 있으니 이런 경우에는 반드시 확인해 규정을 충족해야 한다. 면허가 필요한 건설업은 자본금 제한이 여전히 존재한다.

세 번째는 회사 상호다.

사업자가 원하더라도 동일한 관할 구역 내 같은 상호가 있다면 중복사용이 불가능하다. <u>상호의 중복여부를 확인하려면 대법원 인터넷등기소 사이트에서 법인검색을 해보면 된다.</u> 관할등기소 내에 본인이 사용하고 싶은 상호가 조회 된다면 이미 등록돼 있다는 의미다. 반대로 법인명을 찾을 수 없다는 메시지가 뜨면 그 상호는 법인 상호로 사용이 가능하다.

네 번째로 정해야 하는 건 '본점 소재지'다.

part 04

법인을 설립할 때 주소를 집으로 해도 되는지 질문을 많이 한다. 사업장이 필요 없는 업종이라면 가능하다. 컨설팅이나 IT개발과 같은 업종이 여기에 해당된다. 다만 별도 사업장이 요구되는 도소매나 제조업 등의 경우에는 집주소로 할 수 없다.

보통 법인 설립 전에 임대차 계약을 먼저 하는데, 이때는 건물주에게 먼저 양해를 구해둘 필요가 있다. 임대차 계약시에는 보통 대표이사의 명의로 계약서를 작성하지만 법인이 설립되면 '주식회사 00'으로 임대차 계약을 변경해야 하기 때문이다.

다섯 번째는 '사업 목적'이다.

법인은 법인등기부등본에 나열되어 있는 사업 목적에 해당하는 항목에 대해서만 사업을 할 수 있다. 그래서 하고자 하는 사업은 반드시 사업 목적을 기재해야 한다.

사업 목적의 수나 종류에는 제한이 없다. 그리고 목적은 법인 설립 후에도 언제든지 변경할 수 있지만 변경 시에는 등기 사항에 해당하므로 비용이 든다. 최초 설립 시 최대한 많은 목적 사업을 넣어 두면 비용과 시간을 아낄 수 있다.

02
법인 정관만 잘 작성해도
세금 줄일 수 있다

법인 설립시 정관을 잘 정비하면 절세효과를 누릴 수 있다. 법인 정관의 의미를 살펴보고 정관을 어떻게 작성해야 세금 부담을 덜 수 있는 지에 대한 '팁'을 알아보자.

회사의 크기와 상관없이 반드시 필요한 것 들이 있다. 그 중에서도 법인설립 시 필수적으로 요구되는 것이 법인정관 작성이다. 법인정관이란 회사의 조직과 활동에 대한 근본규칙을 뜻한다. 일종의 '회사 내에서 작용하는 자치법'으로 생각하면 된다.

정관은 주식회사를 설립할 때 발기인이 직접하거나 법률 전문가에게 맡겨 작성하는데 이때 공증인의 인증도 필요하다. 다만 자본금이 10억 미만의 경우에는 공증이 필수가 아니다.

정관이 어떻게 작성되었는지의 여부에 따라 조세환경 전반에 영향을 미친다. 일단 정관 내용이 상법의 규정에 어긋나거나 형식적인 요건에 맞지 않으면 무효화 된다. 또 상법의 규정 및 형식적인 절차를 모두 준수했음에도 정관에 근거 규정이 없거나, 갑자기 규정을 신설 또는 변경하는 경우에는 세무당국으로부터 불이익을 받을 수도 있다. 반대로 정관에 임원의 퇴직금 규정에 관한 내용이 잘 정비되어 있으면 절세 효과를 얻을 수 있다.

정관 내용은 절대적 기재사항, 상대적 기재사항, 임의적 기재사항 등 3가지로 나뉜다.

'절대적 기재사항'이란 말 그대로 정관에 반드시 기재해야 하는 것으로, 만약 하나라도 누락되면 정관 자체는 물론 법인 설립까지 무효화된다. 절대적 기재사항에는 목적, 상호, 회사가 발행할 주식의 총수, 액면주식을 발행하는 경우 1주의 금액, 회사 설립 시 발행하는 주식의 총수, 본점의 소재지, 회사가 공고를 하는 방법, 발기인의 성명·주민등록번호 및 주소가 포함된다.

'상대적 기재사항'이란 특정한 사항이 효력이 생기려면 반드시 기재되어야 하는 것 들을 의미한다. 다만 기재하지 않더라도 전체 정관은 유효하다. 구체적으로는 주식에 관한 사항 (이익배당, 잔여재산분배에 관한 종류주식의 발행 등), 주주총회에 관한 사항 (공고를 필요로 하지 아니하는 주주명부의 폐쇄 또는 기준일의 설정 등), 이사, 집행임원, 이사회 및 감사에 관한 사항 (정기주주총회 종료시까지 이사의 임기 연장 등)이 해당된다.

'임의적 기재사항'이란 정관에 기재하면 효력이 있고 기재하지 않아도 정관의 효력에는 영향이 없는 것으로, 절대적 기재사항과 상대적 기재사항 외의 내용을 의미한다. 이사와 감사의 수, 정기주주총회의 소집시기, 영업연도, 지점의 설치·이전·폐지 등이 여기에 해당된다.

그렇다면 회사 정관에 있는 규정 중 세금혜택 및 세금부과 방지에 영향을 주는 내용은 어떤 것들이 있을까?

첫 번째는 정관을 개정할 때에는 공증을 반드시 받아야 하는가의 여부다.

결론부터 말하면 공증의 유무가 정관의 효력에 직접적인 영향을 주는 것이 아니다. 공증을 받지 않은 정관도 필요적 기재사항 등에서 요건을 모두 갖추고 절차상 하자가 없다면 유효하다. 그러나 이때 개정된 내용의 효력 발생 시기와 관련해서 이해관계자들 간의 다툼이 생길 수 있다. 예를 들어 정관에서 정하는 임원 퇴직금 지급 규정이 개정됐는데 공증을 받지 않았다면 개정 시기를 둘러싼 불필요한 다툼이 언제든 발생할 소지가 있다.

두 번째는 정관에 임원 보수와 임원 퇴직금에 대한 지급 규정이 별도로 만들어져 있는지의 여부다.

회사의 등기임원은 근로기준법 대상이 되는 근로자가 아니다. 상법에서 임원들에게 보수를 지급할 수 있다고 정관에 정해 놓으면 지급할 수 있다고 규정하고 있다. 임원 보수는 정관에 정해 놓은 임원 보수 취급 규정에 의거해서 액수를 정한다. 예를 들면 정관에는 임원별 10억원 또는 임원 전체에 대해서 50억원 등의 한도를 정하기도 하는데, 이때 임원의 보수가 세법상으로 과다하지 않는지 여부도 체크해 봐야 한다. <u>임원의 퇴직금 또한 세법상 한도를 계산함에 있어서 정관의 규정을 반영하기 때문에 퇴직이 발생하기 전에 정관을 반드시 정비해야 된다.</u>

part 04

세 번째는 정관에 중간 배당 규정이 마련되어 있는지의 여부다.

중간배당 지급 규정이 없는 회사에서 10월에 배당을 하고 배당소득세 신고까지 다 했다고 가정해보자. 이 신고는 유효하지 않다. 그냥 회사 밖으로 돈이 나갔으므로 가지급금에 해당된다. <u>중간 배당은 정관의 규정에 있어야만 효력이 발생한다.</u> 그리고 중간 배당에 대한 규정이 없더라도 연 1회에 정기 배당을 통한 배당은 할 수 있다. 하지만 중간 배당을 활용하면 자금 상황을 고려할 수 있으며 잉여금을 더 원활하게 이용할 수 있어서 유리하다. 만약에 아직 중간 배당에 대한 내용이 정관에 포함되어 있지 않다면 정관 개정을 통하여 이제부터라도 잉여금을 잘 활용하도록 하자.

03
임원퇴직금 지급시 유의해야 할 것들

법인이라면 꼭 알아야 할 임원 퇴직금 지급 시 체크할 사항을 살펴보자. 임원에게 퇴직금을 지급하고자 하는 경우에는 퇴직금 한도를 설정해 이를 법령에 위배되지 않고, 상법상 절차를 준수해야 한다.

회사가 임원들에게 무조건 퇴직금을 지급해야 하는 것은 아니다. 그러나 법인 정관에서 대표이사 등 임원의 퇴직시 퇴직금 지급을 규정한 경우에는 이를 이행해야 한다. <u>정관에서 작성된 퇴직급여 지급규정에 따라 지급된 임원 퇴직급여는 전액이 법인의 비용에 해당한다.</u>

퇴직금을 일시금으로 처리하는 경우에는 법인에서 비용처리를 하게 되니 법인세 감소 효과가 크다. 또 비상장 주식 평가 시에 주식 가치를 낮추는 효과도 있을 수 있다. 또한 퇴직소득은 4대 보험 등 부과 대상이 아니며 종합소득세에도 합산되지 않는다.

part 04

하지만 임원은 회사 의사결정의 주체로서 정관 및 퇴직금 지급 규정을 활용하면 퇴직금 금액을 높일 수 있기 때문에 임원의 퇴직금에 대해서는 다양한 법령을 통해 제한하고 있다.

법인세법 제 26조에서는 과다경비로 인정되는 인건비의 경우 경비로 인정하지 않고 있다. 여러 임금 중 임원 중에 특정임원만 과다한 퇴직금을 책정한다거나 여러 동일 업종에 비해 또는 회사의 이익에 비하여 비정상적으로 과다하게 측정된 퇴직금이 지급되는 경우에는 회사의 손금에 산입하지 않고 있다.

또한 과다한 퇴직금을 가져가는 임원에게도 소득세법상 초과하는 퇴직금에 대해서는 근로소득으로 본다. 종합소득에 합산하여 고율의 세금을 내도록 하고 있다.

절차에 따라 지급했다 하더라도 비용으로 인정하지 않는 경우도 있다.

첫 번째 임원 퇴직급여 규정이 종전보다 퇴직급여를 급격하게 인상하여 지급하는 내용으로 제정 또는 개정되어 그 개정에 영향을 미칠 수 있는 지위를 가진 사람이나 밀접한 관계에 있는 사람이 퇴직금을 지급 받는 경우다. 두 번째는 근속기간, 근무내용 등 비슷한 규모의 다른 법인에서 지급되는 퇴직급여액 등과 비교할 때 재직기간 중의 근로나 공헌에 대한 대가라고 보기 어려울 정도의 과다한 금액인 경우다. 세 번째는 규정 자체나 법인의 재무 상황 또는 사업 전망 등에 비추어 그 이후에는 해당 금액의 퇴직급여가 지급될 수 없을 것으로 인정되는 경우다.

임원에게 지급한 퇴직급여 중 다음의 금액을 초과하는 금액은 이를 손금에 산입하지 아니하고 해당 임원에 대한 상여로 처분한다.

임원 퇴직소득 한도액은 (2019년 12월 31일부터 소급하여 3년 동안 지급받은 총급여의 연평균환산액 × 10% × 2012.1.1. 부터 2019.12.31.까지 근속연수의 3배수) + (퇴직한 날부터 소급하여 3년 동안 총급여액의 연평균환산액 × 10% × 2020.1.1 이후 근속연수의 2배수)로 계산한다.

퇴직금을 인정하지 않는 법령과 판례들은 퇴직급여가 실질적인

part 04

근로의 대가가 아니라, 퇴직급여의 형식을 빌려 법인의 임원에게 자금을 부여하기 위한 일시적 방편으로 마련됐다고 보고 있다.

또 한가지 짚고 넘어가야 할 부분이 있다. 바로 현실적인 퇴직으로 볼 것인가의 여부다. <u>세법에서는 실제로 퇴직할 때 지급되는 퇴직금만 비용으로 인정한다.</u> 여기서 실제 퇴직은 물론이고 근로는 계속하지만 현실적인 퇴직으로 보는 사유들도 있다. 그 부분을 사전에 체크해야 퇴직금이 비용으로 인정되지 않는 불상사를 피할 수 있다.

세법에서 정하는 현실적인 퇴직 사유로는 △법인의 직원이 당해 법인의 임원으로 취임한 때 △법인의 임원 또는 그 직원이 그 법인의 조직 변경 또는 합병 또는 분할이라는 특수한 사항 그리고 사업 양도 등에 따라서 퇴직을 한 때 △중간정산 사유를 충족해서 퇴직 급여를 지급한 때이다.

04
과점주주 세금이슈, 제2차 납세의무

법인을 설립할 때 '지분율이 50%가 넘으면 위험하다'는 이야기가 많이 나온다. 세법상 과점주주 때문에 나온 말이다. 과점주주란 무엇인지 그로 인해 세법상 어떤 과세 이슈가 있는지 자세히 살펴보자.

과점주주는 법인의 주식을 상당 부분 보유해 그 법인의 경영에 실질적인 영향을 미칠 수 있는 주주를 의미하며, 일반적으로 다음과 같은 요건을 만족해야 과점주주로 간주된다.

<u>과점주주의 요건은 해당 법인의 주식 또는 지분의 50%+1주 이상을 소유한 주주나 주주 집단을 의미한다.</u> 즉, 단일 주주가 아니라 여러 명의 주주가 함께 50% 초과의 지분을 보유한 경우에도 과점주주로 간주된다. 과점주주 지분율 산정 시 본인의 지분뿐 아니라 그 특수관계인들이 보유한 지분도 포함해 계산된다. <u>특수관계인은 일반적으로 배우자·직계 가족·일정 범위 내의 친인척</u>

은 물론이고 경제적 연관 관계에 있는 자 등도 포함된다. 즉 법인에서 주주 1명과 그 주주의 특수관계인이 보유한 주식이 50%를 초과하는 경우 그 주주와 특수관계인 모두를 통틀어서 과점주주라 한다. 과점주주에게는 세법상 제2차 납세의무와 간주취득세 납세의무가 부과된다.

제2차 납세의무에 대해서 상세히 살펴보자.

과점주주 제2차 납세의무는 회사가 납세의무를 다하지 못하는 경우, 회사의 주요주주인 과점주주가 회사의 미납 세금을 대신 납부해야 하는 제도를 의미한다. 이 제도는 주로 법인의 탈세나 고의적인 세금 미납을 방지하고, 법인의 실질적인 책임자가 세금을 납부하도록 하기 위해 마련됐다.

과점주주의 제2차 납세의무는 법인 자체가 납세의무를 이행하지 못할 때 발생한다. 이는 법인에 부과되거나 납부할 국세 등이 법인의 재산으로 충당하고도 부족한 경우 그 부족 금액에 대해서 제2차 납세의무를 지게 된다.

반대로 법인의 재산으로 충당이 된다면 제2차 납세의무는 발생하지 않는다. 제 2차 납세의무는 실무적으로 세금체납 등이 발생했을 때 법인의 재산을 압류하고 또 그 재산을 공매 처분했음에도 불구하고, 체납세금이 회수되지 않을 때 비로소 발생하게 된다.

과점주주의 납세 책임 범위는 본인의 지분율에 따라 법인의 미납 세금 중 일부를 부담하게 된다. 과점주주가 법인의 미납 세금 전액을 부담하는 것은 아니며, 본인이 보유한 지분율에 비례해 부담하게 된다.

과점주주의 제2차 납세의무 관련해서 상담 사례들을 몇 가지 보겠다.

먼저 법인이 미납 세금을 납부하지 못해 과점주주에게 납세의무가 부과된 사례다.

A법인이 영업 부진으로 인해 부가가치세와 법인세를 납부하지 못하게 되었고, 세무 당국이 A법인의 주요 주주인 과점주주 B에게 제2차 납세의무를 부과했다. B는 회사 경영에 직접 참여하지

않았으나, 60%의 지분을 보유하고 있어 과점주주로 분류됐다. B는 과점주주로서 법인의 미납 세금에 대한 책임을 져야 하는지, 그리고 본인의 지분율에 따라 어떤 금액을 부담하게 되는지 문의했다. B의 지분율에 따라 미납세금 중 일부를 부담해야 하며 법적 검토를 통해 과도한 책임 부과를 피할 수 있는지 추가로 검토해야 한다.

두 번째, 과점주주가 된 후 미납 세금이 발생한 경우다.

C씨는 가족이 운영하던 소규모 법인의 주식을 인수하면서 55%의 지분을 보유하게 돼 과점주주가 되었다. 인수 이후 회사의 재정상황이 악화되며 법인세 미납 문제가 발생했다. C는 본인이 과점주주로 인수된 이후 발생한 미납 세금에 대해 제2차 납세의무를 지게 되는지, 책임을 줄이기 위해 어떤 조치를 취할 수 있는지 궁금해 했다. 해결방안으로는 과점주주로서 인수 후 발생한 세금에 대해 일정 부분 책임이 있을 수 있음을 설명했으며 가능한 납부 계획이나 회사의 청산절차를 통해 세금 문제를 해결할 수 있는지 검토했다.

세 번째, 특수 관계자의 지분 포함 여부에 대한 상담사례다.

D씨는 본인과 배우자가 함께 한 중소 법인의 지분을 각각 30%와 25% 보유하고 있다. 법인의 세금이 체납되자 세무 당국은 D씨 부부가 과점주주에 해당한다며 제2차 납세의무를 부과했다. D씨는 배우자 지분을 합산해 과점주주로 간주되는 것이 합당한지, 그리고 납세의무가 정확히 어떤 기준으로 산정되는지 문의했다. 과점주주는 특수 관계자에 해당하는 배우자의 지분이 합산되므로 과점주주로 인정되며, 이에 따라 일정 비율의 미납세금에 대한 책임을 지게 됨을 설명했다.

네 번째, 과점주주가 미납 세금 책임을 줄이기 위한 방법에 대한 상담사례다.

E씨는 지분율 52%를 가진 과점주주로, 법인이 여러 차례 세금을 미납해 제2차 납세의무가 부과될 상황이었다. 회사 재정이 악화돼 납부가 어려운 상태였다. E씨는 과점주주의 책임을 줄이기 위한 방법, 예를 들어 법인청산, 지분 매각 또는 미납세금 분할 납

part 04

부 등을 고려할 수 있는지 상담했다. 과점주주의 제2차 납세의무의 부담을 줄이기 위해 지분 매각, 법인 청산등을 검토했으며, 법적 자문을 통해 미납 세금에 대한 분할 납부 요청이나 소멸시효를 확인하도록 안내했다.

이러한 상담 사례들은 과점주주로서 세금 납부 의무가 발생하는 경우, 본인의 책임을 줄이기 위해 법적·재정적 방법을 강구하는 경우가 많다.

법인설립 시 과점주주를 회피하기 위해 차명주주를 두는 경우도 있는데. 과점주주를 회피하려고 차명 주주를 두면 제2차 납세의무보다 훨씬 더 큰 위험이 닥칠 수 있다. <u>또한 과점주주를 회피하려고 친인척을 차명주주로 하는 경우에는 과점주주가 될 뿐만 아니라 상속의 문제도 생길 수 있으니 반드시 주의해야 한다.</u>

05
과점주주 세금이슈, 간주취득세

과점주주에게는 세법상 제2차 납세의무와 간주취득세 납세의무가 부과된다. 과점주주의 정의는 앞장에서 확인 할 수 있다.

간주취득세에 대해서 상세히 살펴보자.

과점주주 간주취득세는 무엇인가? <u>과점주주 간주취득세는 비상장법인의 주식을 취득하여 과점주주가 되는 경우, 해당 법인이 보유한 부동산, 차량, 기계장치 등 취득세 과세대상 자산을 보유하고 있는 경우 과점주주가 직접 취득한 것으로 간주해 취득세를 부과한다.</u> 다시 말해 법인이 취득세가 과세되는 물건을 살 때 납부한 취득세 외에도 과점주주가 되면 간주취득세를 추가로 과세하게 된다는 뜻이다.

그렇다면 법인의 최초 설립 시 과점주주가 된 경우에도 간주취득세 과세대상일까?

part 04

지방세법 제7조 제5항에서는 법인 설립시에 발행하는 주식 또는 지분을 취득함으로써 과점주주가 된 경우에는 취득으로 보지 않는다고 규정하고 있다. 따라서 <u>법인 설립시 과점주주가 되는 것은 과점주주 간주취득세 과세 대상은 아니다. 그러나 그 외 증자, 매매, 증여, 상속 등으로 인한 일체의 취득 행위로 인해 과점주주가 되는 경우에는 과점주주 간주취득세 과세대상이 된다.</u> 증자를 하면서 일부 주주가 신주인수권을 포기하여 신주를 인수한 주주 등이 과점주주가 된 경우에도 마찬가지다.

과점주주의 간주취득세 관련해서 상담 사례를 통하여 지분변동에 따른 유형을 살펴보자.

첫번째, 가족간 주식 이전으로 과점주주 지위를 획득한 사례다.

A씨는 비상장법인의 주식을 30% 보유하고 있다. A씨의 아들 B씨가 추가로 25%의 주식을 매수하여, A씨와 B씨가 함께 55%의 지분을 보유하게 됐다. A씨와 B씨는 특수관계인이며, 이들의 지분 합계가 50% 초과했으므로 과점주주가 된다. 이로 인해 A씨

와 B씨는 해당 법인이 보유한 부동산 등에 대해 간주취득세를 납부해야 한다. 이 경우에는 과점주주가 된 시점의 지분을 모두 취득한 것으로 보아 간주취득세를 과세하므로 과세되는 비율이 다른 사례에 비해 상대적으로 높다. 따라서 지분 변동이 예상되는 경우 미리 해당 법인의 지분 구조를 먼저 파악한 뒤 과점주주가 되는지 여부를 확인하는 것이 필수다.

두번째, 과점주주가 된 후 지분을 추가 취득한 경우다.

비상장법인 C의 주식을 60% 보유하던 주주 D씨가 추가로 10%의 지분을 매입해 총 70%의 지분을 보유하게 됐다. 이 경우에는 이전 최고 지분율을 초과하는 지분 취득만 과세 대상이 된다. 과점주주가 이전 최고 지분율을 초과하지 않은 경우에는 과세대상이 아니기 때문에 지분 내역을 검토해 과거 최고 지분율을 확인하는 것이 바람직할 것이다.

마지막으로, 비과점 주주가 됐다가 다시 과점주주가 된 경우다.

part 04

비상장법인 E주식을 60% 보유한 F는 보유지분 20%를 타인에게 양도해 총 지분 40%로 비과점주주가 됐고, 이후 E법인의 주식을 다시 20%를 추가로 취득해 60%을 보유한 과점주주가 됐다. 이 경우 F는 과거 지분 구조를 살펴봐야 한다. F는 다시 과점주주가 되었을 때 이전 과점주주일때의 최고지분율 60%를 초과하지 않았기 때문에 과점주주지만 간주취득세 대상이 되지 않는다. 세번째 사례는 첫번째로 본 최초 과점주주가 되는 경우와 혼동해 자칫하면 취득세를 과다 신고할 수 있는 위험이 있다. 꼭 과거 지분 구조를 살펴서 접근하기를 권장한다. 실제 간주취득세 업무 시에는 꼭 전문가의 의견을 참고하길 바란다.

06
가지급금의 폐해와 해결방법

가지급금이란 실제 거래나 지급 사유가 명확하지 않은 상태에서 임시로 처리된 금액으로 명칭 여하를 불구하고 해당 법인의 업무와 관련이 없는 자금의 대여액을 말한다. 이 금액의 대부분은 대표자에게 대여한 것으로 본다. 그래서 가지급금은 재무제표상 보통 단기대여금 또는 임직원등단기채권 계정을 사용한다. 가지급금은 회계처리와 세무상 중요한 이슈로 작용하며, 이를 제대로 관리하지 못하면 기업의 재무상태와 세금부담에 큰 영향을 미칠 수 있다. 다음은 가지급금의 발생원인 및 문제점, 그리고 관리 방법 및 해결방법에 대해 살펴보자.

가지급금의 주요 발생 원인은 다음과 같다.

회사 자금을 임직원이 사적 용도로 사용하는 경우, 지출 내역에 대한 증빙이 부족하거나 구체적인 처리 기준이 마련되지 않은 경우 (예를 들면 구직난에 불법 체류자 및 신용불량자를 고용하

part 04

여 급여는 현금으로 지급하고 인건비 처리를 못하는 경우등), 경비처리 하기 어려운 업무추진비등 회사 규정에 반하여 부적절하게 지급된 경우에도 가지급금이 발생할 수 있다.

가지급금은 단순한 회계 처리 항목으로 끝나지 않으며, 기업 재무 및 세무에 여러 가지 부정적인 영향을 미친다.

첫 번째 가지급금 인정이자이다.

법인의 입장에서는 가지급금은 채권이기 때문에 원칙적으로는 금전소비대차계약서를 작성하고 그에 명시된 이자를 받아야 한다. 하지만 실제로 빌려간 것이 아니라 거래 내용이 불분명한 경우에도 대표이사가 임의로 사용한 금액으로 처리된다. 하지만 실무상 대여금액에 대한 이자를 과세하고 있다. 이를 가지급금 인정이자라고 한다. 만약에 대표가 이 인정이자를 법인에 납부하지 않으면 가지급금에 합산되거나 아니면 대표자에게 상여로 처분하여 개인소득세와 건강보험료도 더 납부해야 한다.

두 번째 차입금에 대한 이자비용이 부인되어 법인세가 증가한다.

회사가 차입금이 5억 가지고 있다고 가정하고 가지급금이 2억이 있다고 하자. 5억에 대해서 회사는 연4%의 대출이자를 내고 있다고 하면 연 2천만원의 이자비용을 손비로 처리할 수 있다. 하지만 가지급금 2억이 없으면 대출을 3억만 받아도 되는 거라 보고 가지급금 비율만큼인 8백만원은 이자비용으로 인정하지 않아 법인세를 더 납부해야 한다.

세 번째 가지급금은 대표자나 임원에게 세법상 상여로 처리되어 소득세가 부과된다.

대표자가 가지급금을 상환하지 않은 상태에서 법인을 폐업을 하게 되면 가지급금에 대해서 대표자한테 소득세를 추징한다.

네 번째 가지급금이 장기간 해소되지 않으면 기업의 자산이 과대 평가되고 부채 비율이 높아져 신용도가 하락할 수 있다.

거액의 가지급금은 금융기관에서 신용도 평가시 불리하게 작용한다. 자금 운용의 불투명성을 나타내며, 이는 기업의 신뢰도와 경영 투명성을 약화시킨다.

가지급금 관리 방안

가지급금은 기업 재무 및 세무 리스크를 줄이기 위해 철저히 관리해야 한다. 주요 관리 방안은 다음과 같다. ① 가지급금 발생 원인을 체계적으로 분석하고, 불필요한 자금 흐름을 방지한다. ② 내부 규정을 강화하여 자금 사용시 명확한 근거와 증빙을 요구한다. ③ 정기적으로 재무제표를 점검하고 가지급금 계정을 검토하여, 불필요한 잔액을 최소화한다. ④ 발생한 가지급금을 조기에 상환 또는 정산 처리한다. ⑤ 가지급금의 발생 사유와 내역에 대해 철저한 증빙을 확보하여, 세무 및 회계 이슈를 최소화한다. ⑥임직원 대여금이나 비용 선지급 관련 규정을 강화하여, 가지급금이 발생하지 않도록 예방한다. ⑦ 회계 및 세무 전문가의 도움을 받아 가지급금을 효과적으로 관리하고, 세무 리스크를 줄이는 방안을 마련한다.

가지급금 해소 방법

① 가지급금의 해소 방법은 대표자나 임원이 가지급금을 직접 상환하여 장부에서 제거한다. ② 가지급금을 임원의 배당금이나 급여, 퇴직금으로 처리하여 회계상 정산한다. 이 경우 소득세 부담이 발생할 수 있으므로 사전 검토가 필요하다. ③ 임원의 자산(예: 부동산)으로 대체 처리할 수 있다. 이 방법 역시 세법상 적법한 절차가 필요하다. ④ 자기주식 매매, 자기주식 소각등 활용하여 가지급금을 해소할 경우 상법규정을 적법하게 따랐는지 등 자기주식 거래를 객관화할 수 있는 사실이 있어야 한다.

가지급금은 기업의 재무 관리와 세무 측면에서 매우 민감한 항목이다. 이를 방치하면 세무 조사 대상이 되거나 기업의 신용도에 악영향을 미칠 수 있다. 따라서 기업은 가지급금 발생을 최소화하고, 체계적인 관리와 정산을 통해 재무 건전성을 유지해야 한다. 이를 위해 내부 관리 체계 강화, 전문가의 조언 활용, 정기 점검 등을 적극적으로 시행하는 것이 중요하다.

07
가수금의 실체와 해결방법

가수금이란 기업 회계에서 실제로 회사가 수령한 돈이지만, 그 수령 사유가 명확하지 않거나 최종적인 계정 처리가 이루어지지 않은 상태에서 임시로 기록된 금액을 말한다. 이는 자금 관리 과정에서 발생하는 일시적인 계정으로, 주로 부채로 분류된다.

보통은 회사의 주주나 대표이사가 본인의 자금을 회사 운영에 사용하기 위해서 법인통장에 입금한 내역도 가수금으로 처리하는 경우가 많다. 이 경우는 법인이 빌린 자금이므로 단기차입금 등으로 표시해야 하지만 실제 금융기관 차입금과 구분하여 가수금이라는 계정과목을 사용한다.

가수금은 회사의 재무 구조와 자금 흐름에 중요한 영향을 미칠 수 있으며, 적절히 관리하지 못하면 재무적, 세무적 문제로 이어질 가능성이 있다. 다음은 가수금의 발생 원인 및 문제점, 관리 방법, 그리고 해소 방안에 대해 살펴보자.

가수금의 주요 발생 원인은 다음과 같다.

첫 번째 회사 운영에 필요한 자금을 대표자나 임원이 개인 자산에서 일시적으로 투입한 경우 발생한다. 자금 조달을 위한 긴급 대응의 일환으로 나타나는 사례가 많다. 두 번째 거래 상대방으로부터 자금을 수령했지만, 세금계산서를 미발행하거나 연말결산 시 회계 담당자의 실수나 부주의로 인해 잘못된 계정으로 기록된 자금이 가수금으로 처리될 수 있다. 두 번째의 경우는 매출 누락으로 볼수 있기 때문에 각별히 주의해야 한다.

가수금의 문제점

가수금은 일시적인 계정임에도 불구하고, 적절히 관리되지 않으면 회사의 재무 상태와 세무 문제를 야기할 수 있다. 주요 문제점은 다음과 같다.

<u>첫 번째 가수금은 부채로 간주되기 때문에, 이를 장기간 해소하지 못하면 부채 비율이 상승하여 재무 건전성을 해칠 수 있다.</u> 외

part 04

부 투자자나 금융기관이 재무제표를 평가할 때, 가수금이 과도하면 신용도에 부정적인 영향을 미친다.

<u>두 번째 국세청은 가수금을 상환하지 않거나 적절히 처리하지 않을 경우, 이를 회사의 매출 누락으로 간주하여 과세 대상에 포함시킬 수 있다.</u> 또한 법인 증여세 문제가 발생할 수 있다.

가수금 관리 방안

가수금을 효과적으로 관리하기 위해서는 발생 원인을 파악하고, 신속히 정산하는 것이 중요하다. 주요 관리 방법은 다음과 같다. ① 가수금 발생 시 사유와 내역을 정확히 기록하여, 향후 정산을 위한 근거를 마련해야 한다. ② 거래 명세를 파악하여 적합한 계정으로 전환하는 작업을 신속히 진행해야 한다. ③ 재무제표를 정기적으로 점검하여, 가수금 계정의 잔액을 확인하고 필요시 정산한다. ④ 장기간 미정산된 가수금을 방치하지 않도록 관리 체계를 강화한다. ⑤ 대표자나 임원의 자금 투입 및 회수에 대한 명확한 규정을 마련하여, 가수금 발생을 최소화한다. ⑥ 자금 흐름에 대한 모니터링과 통제를 강화하여 회계 오류를 방지한다. ⑦ 세무 및 회계 전문가의 도움을 받아 가수금의 발생과 해소를 체계적으로 관리한다.

가수금 해결 방안

가수금을 장기간 방치하지 않고 신속히 정산하는 것은 회사의 재무 건전성을 유지하는 데 필수적이다. 주요 해결 방안은 다음과 같다. ① 가수금을 발생시킨 대표자나 임원이 직접 상환하여 부채를 제거한다. ② 가수금을 자본금으로 전환하여 부채에서 제외한다. 이 과정에서 법적 절차와 세무 검토가 필요하다. ③ 가수금 발생 원인인 거래 내역을 정확히 파악하고, 이를 매출, 선수금 등으로 계정 전환한다.

가수금은 기업의 자금 운용과 회계 처리 과정에서 발생할 수 있는 일시적 부채 계정이다. 이를 적절히 관리하지 않으면 회사의 재무 구조와 세무 부담에 부정적인 영향을 미칠 수 있으므로, 가수금 발생 원인을 철저히 파악하고 신속히 정산하는 것이 중요

part 04

하다. 이를 위해 내부 관리 체계를 강화하고, 전문가의 도움을 받아 체계적인 관리 방안을 마련하는 것이 필요하다.

05

꼭 알아야 하는
양도소득세

1. 비과세는 가장 큰 혜택이다.
2. 2주택 보유자에 대한 비과세 - 상속주택편
3. 다가구주택, 다세대주택 세금이 다르다고?
4. 분양권 관련 세금 이슈 총정리
5. 8년 자경농지는 양도하면 세금이 감면된다.
6. 이혼에 따른 재산분할에 대한 세금은?
7. 해외주식 양도소득세 절세팁 3가지

01
비과세는 가장 큰 혜택이다

양도소득세중 우선 1세대 1주택자와 관련돼서 비과세에 대해 살펴보자. 비과세는 가장 큰 혜택이다. 이 혜택을 적용받으려면 요건들을 충족해야 한다. <u>고가주택을 제외한 주택으로서 1세대가 양도일 현재 국내에 1주택을 소유(일시적 2주택 특례등은 예외) 하고 2년이상 보유(취득 당시 조정대상지역은 2년 이상 거주)한 주택이어야 한다.</u>

그럼 1세대라는 것은 어디까지가 1세대일까?

1세대는 거주자 및 그 배우자가 그들과 같은 주소에서 생계를 같이 하는 자와 함께 구성하는 가족단위를 말한다. 1세대가 1주택을 갖고 있다가 양도하면은 비과세를 해준다. 1세대의 기준은 양도일 현재로 판단한다.

만약 1세대가 2주택을 갖고 있다면 어떻게 하면 좋을까?

part 05

양도하기 전에 세대를 분리하면 비과세 혜택을 받을 수 있다. 기본적으로 1세대의 요건을 충족하려면 배우자가 존재해야 한다. 그런데 배우자가 없어도 1세대로 보는 경우가 있다. 해당 거주자의 나이가 30세 이상인 경우, 배우자가 사망하거나 이혼한 경우, 30세 미만인 자녀가 기준 중위소득의 40% 이상의 소득이 있는 경우는 예외적으로 독립세대로 본다. 그래서 자녀 같은 경우에는 만 30세 이상이면 실질적으로 주소가 달리되어 있다고 하면 독립세대로 보고, 30세 미만인 경우에도 월 100만원이상(2025년 기준)의 소득이 있으면서 세대가 분리되며 독립세대로 볼 수 있다.

배우자의 경우에는 주민등록상 세대를 분리해도 거주자와 당연히 동일 세대를 구성하고, 동거 여부도 묻지 않는다. 남편과 부인이 각각 1채씩의 주택을 갖고 있을 경우는 일시적인 주택이 아닌 이상은 비과세가 적용받을 여지가 없다. 그러다 보니 이혼하면 어떻게 되는지 질문을 받는 경우도 있다. 최근 기획재정부가 배우자의 범위에 "법률상 배우자와 가장이혼 관계에 있는 사람을 의미한다고 해석하고 있다. 위장이혼을 해봤자 법률상으로는 배우자가 아니지만, 세법상으로는 배우자이므로 비과세를 적용받

`part 05`

을 수 없다.

두 번째 요건으로 주택을 살펴보자.

주택은 상시 주거용에 제공하는 건물로 공부상 용도에 불구하고 실제 용도에 따라 주거용 여부를 판단한다.
기획재정부에서 주택의 개념을 정비했다. <u>주택의 구조를 세대별로 출입문, 화장실, 취사시설이 설치되어 있어야 한다고 구체화 시켰다.</u> 고시원, 숙박시설처럼 주거용으로 사용해도 개별 욕실과 취사 시설이 없으면 주택에 해당되는지 애매해서 개념을 좀 구체화한 것뿐이다.

주택 여부는 '양도일 현재'를 기준으로 판단하기에, 양도일 전에 건물을 멸실하여 나대지를 양도하는 경우 주택의 양도로 볼수 없다. 종전 해석에는 매매계약 이후 양도일 이전 매매특약에 따라 매수자 책임으로 주택을 멸실한 경우 '매매계약일 현재를 기준'으로 1세대 1주택 비과세를 판단했다. 최근 기획재정부의 해석은 2022.12.20. 이후 매매계약을 체결한 경우 양도물건의 판정기준일은 양도일(대금청산일)을 적용한다. 따라서 매매계약일 현재는 주택이라 할지라도 잔금일 현재 용도가 변경돼 있거나 주택이 멸실돼서 토지만 갖고 있으면 더 이상 비과세가 안 된다.

세 번째 요건은 보유이다.

1세대 1주택 비과세 적용시 보유기간 계산은 주택의 취득일부터 양도일까지로 한다.

마지막 요건이 거주 요건이다.

이 거주 요건은 보유 요건과는 달리 모든 주택에 적용되지는 않는다. 2017년 8월 3일 이후 조정대상지역에 있는 주택을 취득한 경우에만 거주요건이 적용된다. 거주요건과 관련하여 다음 사항에 유의하여야 한다. 비과세를 적용받으려면 '취득 당시' 조정대상지역에 소재하면 이후 조정대상지역에서 해제되어도 거주요건을 갖추어야 한다.

part 05

특례규정중에서 일시적 2주택에 대한 요건을 살펴보자.

1세대 1주택 비과세는 '국민의 주거생활 안정'을 위한 것이다. 2주택 보유자도 이러한 입법목적에 반하지 않을 경우 비과세를 적용할 수 있는 특례사항들이 있다.

국내에 1주택을 소유한 1세대가 그 종전주택을 양도하기 전에 신규주택을 취득함으로써 일시적으로 2주택이 된 경우 <u>신규주택은 "종전주택을 취득한 날로부터 1년 이상이 지난 후에 취득해야"</u> 한다. 양도하는 종전주택은 원칙적으로 양도일 현재 보유기간 등 <u>1세대 1주택 비과세 요건을 갖추어야 한다. 종전주택의 양도기한은 신규주택을 취득한 날로부터 3년이내 양도하는 경우에 1세대 1주택으로 보아 비과세를 적용받을수 있다.</u> 그 외에도 2주택 보유자에 대한 비과세 특례가 규정되어 있으니 양도 시 전문가의 상담을 권장한다.

02
2주택 보유자에 대한 비과세
- 상속주택편

2주택 보유자등에 대한 비과세 특례 중 상속주택에 대한 양도소득세 비과세 특례에 대해 살펴보자. 상속받은 주택과 일반주택을 국내에 각각 1개씩 소유하고 있는 1세대가 일반주택을 양도하는 경우 2주택 보유자등에 대한 비과세 특례를 적용한다. 하지만 사례에 따라 달라지는 상속주택편 양도소득세 차이점을 짚어보자.

[사례]

오미자씨는 부모가 사망하면서 주택을 상속 받았다. 그 이후 일반주택을 취득 후 이 주택을 2년 보유, 2년 거주한 후에 양도했다. 양도할 때 상속받은 주택은 피상속인의 사망으로 인해서 취득한 것이기 때문에 일반주택을 팔 때는 상속주택은 주택 수에서 제외되는 것으로 알고 비과세를 받을 수 있다고 생각하고 매도했다. 그런데 세무서에서 8천300만원의 과세 통지가 나왔다. 무엇이 잘 못 되었을까?

part 05

순서가 잘못됐다.

상속주택으로 인한 비과세는 <u>상속개시 당시 이미 일반 주택을 보유하고 있는 1세대가 주택을 상속받은 후 일반주택을 양도하는 경우 1세대 1주택 비과세가 적용된다.</u> 부득이 상속주택을 먼저 양도하더라도 상속주택 특례가 적용되지 않는다. 그리고 일반주택의 양도기한은 제한이 없다. 오미자씨는 상속개시 이후 취득한 주택을 양도했으므로 상속주택 특례를 적용받을 수 없다.

주택을 상속받은 후 다른 주택을 취득할 계획이 있는 경우에는 상속인간 상속재산분할협의를 통해 주택을 상속받지 않거나 소수지분만 상속받는 것도 절세에 도움이 된다. 상속주택을 공동으로 상속받은 경우 공동상속주택은 상속지분이 가장 큰 상속인의 주택수에 포함되므로 상속지분이 작은 상속인은 일반주택 양도 시 1세대 1주택 비과세적용이 가능하다.

부모가 2주택 이상 남기고 간 경우에는 상속주택 특례에 관한 혜택은 어떻게 될까?

상속주택으로 보는 특례주택은 1주택만 혜택을 준다. 그럼 2주택 이상에서는 어떤 주택을 상속주택으로 봐야 할까? 법에서 순서가 정해져 있다. 상속주택의 판정순서는 ① 피상속인이 소유한 기간이 가장 긴 1주택 ② 피상속인이 거주한 기간이 가장 긴 1주택 ③ 피상속인이 상속개시당시 거주한 1주택 ④ 기준시가가 가장 높은 1주택이다. 보통은 ①, ②번에서 판가름이 난다. 보유기간이 가장 긴 부모가 거주한 주택이 상속주택이 되고, 나머지 주택은 일반주택으로 생각하면 된다.

공동으로 상속 받는 경우는 어떻게 될까?

상속주택을 한 사람한테 몰아줄 수도 있지만 협의가 잘 안되거나 또는 개인적 사정에 의해서는 공동으로 상속받는 경우가 있다. 그러면 공동으로 상속받는 주택은 상속인들 입장에서 상속주택 특례를 적용받을 수 있는지 알아보자.

1세대 1주택 비과세를 적용함에 있어 공동으로 상속받은 경우에는 ① 상속 지분이 가장 큰 상속인 ② 당해 주택에 거주하는 상속인 ③ 최연장자 순서에 따른 상속인의 주택 수에 산입한다.

그러면 상속지분이 적은 소수지분자들은 어떤 혜택이 주어질까?

예를 들어 부모님 1주택을 남겨 자녀 세명이서 N분의 1로 공동 상속을 받았다. N분의 1로 받았으니 상속 지분은 동일하다. 그 다음에 해당 주택에 거주한 자가 없다. 그러면 제일 나이가 많은 형이 최고 연장자가 된다. 형 입장에서는 이제 상속주택 특례를 받기 때문에 본인이 갖고 있는 일반 주택을 팔 때 비과세 특례가 적용되는 거고, 나머지 둘째, 셋째는 소수 지분권자라 일반 주택을 팔 때 상속주택은 없는 걸로 비과세를 적용받을 수 있다. 결론적으로 본인들이 갖고 있는 일반 주택을 팔 때 선순위 상속주택으로 취득한 지분이 가장 큰 자나 소수지분권자 모두 비과세 혜택을 적용받을 수 있다. 부모가 상속당시 2주택 이상 소유한 경우에는 위 상속주택 특례에서 정한 판정 순서에 따른 1주택만 공동상속주택 특례가 적용되고, 나머지 상속주택은 공동상속주택 특례가 적용되지 않아 소수지분을 상속받은 경우에도 주택 수에 포함된다.

상속주택이 농어촌 주택인 경우에는 혜택이 있다.

농어촌 상속주택과 일반주택을 국내에 각각 1채씩 소유하고 있는 1세대가 일반주택을 양도하는 경우에는 취득 순서에 상관없이 국내에 1개의 주택을 소유하고 있는 것으로 보아 1세대 1주택 비과세를 적용한다. 이때 농어촌 상속주택의 요건은 ① 피상속인이 취득 후 5년 이상 거주 ② 수도권 밖의 지역 중 읍 지역(도시지역 안의 지역 제외) 또는 면 지역에 소재하는 주택이어야 한다. 농어촌 상속주택의 경우에는 상속인이 일반주택을 계속해 취득·양도하더라도 비과세를 적용받을 수 있다.

양도소득세에서 비과세 요건은 양도물건에 따라 충족해야 하는 경우가 다 다르다. 항상 양도하기 전에 비과세 요건을 충족했는지 확인하고 의사결정 하길 바란다.

03
다가구주택, 다세대주택 세금이 다르다고?

투자목적으로 다가구주택이나 다세대주택을 지어서 분양하거나 임대를 주는 경우가 많다. 외관으로는 어떤 건물이 다가구주택인지 다세대주택인지 구별하기가 어렵다. 하지만 소유구조와 세금부과 등에서 큰 차이가 있다.

<u>세법에서는 다가구주택인지 다세대주택인지에 따라 그 주택을 양도하거나 임대할 때 세금이 없을 수도 있고 반대로 아주 많을 수도 있다.</u> 따라서 다가구주택과 다세대 주택의 차이점을 구분하고 그에 따른 매매 시 주의사항도 함께 알아보겠다.

건축법상 다가구주택과 다세대주택의 분류기준을 살펴보자. 다가구주택은 단독주택으로 분류되며, 주택 사용 층수가 3개 층 이하(지하층 및 필로티 구조의 주차장 제외)와 연면적 합계가 660m² 이하, 세대수는 19세대 이하로 제한된다. 다세대주택은 공동주택으로 분류되며, 주택 사용 층수가 4개 층 이하(지하층

및 필로티 구조의 주차장 제외)와 연면적 합계가 660m² 이하로 제한하고 세대수는 제한이 없다.

건축법상 다가구주택과 다세대주택 요건

구 분	다가구주택	다세대주택
주택 사용 층수	3개층 이하 (지하층,필로티 구조의 주차장 제외)	4개층 이하 (지하층,필로티 구조의 주차장 제외)
바닥면적 합계	연면적 합계 660m² 이하	연면적 합계 660m² 이하
세대수	19세대 이하	제한 없음
주택의 구분	단독주택 (전체로 1등기)	공동주택 (각 세대별 구분 등기)

다가구주택은 하나의 주택으로 간주되므로 소유권 등기 방식이 구분등기가 불가능하다. 다세대 주택은 등기부상 건축물의 종류가 공동주택이고 다가구주택과는 다르게 개별세대 매매 또는 소유가 가능하고 세대가 분리되어 있기 때문에 구분 등기가 가능하다. 따라서 소유자가 여러 명이 될 수 있다는 점이 다가구주택과의 차이점이다.

그러면 왜 구분이 필요할까?

다가구주택은 건물 전체가 하나의 주택으로 간주되어 소유자는 법적으로 단일 주택 소유자가 된다. 세법상 1주택자로 분류되면 다주택에 대한 규제를 피할 수 있다. 매각할 때도 다가구주택을 통째로 하나의 매매 단위로 양도하면 그 전체를 하나의 단독주택으로 보고 1세대 1주택 여부와 고가주택 여부를 판단해서 양도소득세 비과세 규정을 적용한다.

다세대 주택은 공동주택으로 호실별로 구분 등기가 되어 있기 때문에 다주택자로 본다. 이는 양도소득세, 종합부동산세 등의 과세에서 다주택자로 취급되어 추가적인 세금 부담을 초래할 수 있다. 건물 전체로 매각해도 여러 채의 주택을 매각한 것으로 보기 때문에 양도소득세 주의가 필요하다.

옥탑방의 반란

조금 더 설명을 하면, 양도소득세 관련해서 다가구주택에서 옥탑방 때문에 양도세가 중과되는 경우가 발생하고 있다. 다가구주택은 주택으로 쓰는 층수가 3개 층 이하, 19세대 이하, 건축물의 연면적 합계가 660m² 이하여야 한다고 했다. 이 모든 요건을 충족해야 하는데 보통 주택으로 사용하는 층수에서 깨진다.

우리나라 상당수가 다가구 주택의 옥상에는 옥탑이 있다. 건축법상 건축면적의 1/8을 초과하지 않는 면적으로 옥탑을 설치할 경우 건물의 층수에 포함하지 않는다. 하지만 옥탑을 주거용으로 사용하는 경우 다가구주택 판단시 층수에 산입하는 문제가 발생한다.

예를 들어 1층은 상가이고, 2층,3층,4층을 주택으로 사용하고 있는데 옥탑까지 주택으로 사용하고 있다면 4개 층을 주택으로 사용하고 있는 다세대주택에 해당되어 양도소득세가 중과되는 경우가 발생하고 있다.

따라서 다가구주택에 옥탑방이 있는 경우에는 다세대주택으로 분류될 가능성이 있는지 확인하고 양도를 하기전에 옥탑방을 철거해서 다가구주택 요건을 갖춘 후에 양도하기 바란다.

세법상 다가구주택과 다세대주택의 차이는 단순히 세대 수나 건물 구조를 넘어, 세금부담을 결정하는 중요한 요인이다. 각각의 특성을 잘 고려하여 투자목적에 따라 의사결정하기 바란다.

04
분양권 관련 세금 이슈 총정리

주택에 대한 분양권은 부동산을 취득할 수 있는 권리에 해당한다. 그러나 지난 몇 년 동안 주택 가격이 가파르게 상승하면서 정부에서는 주택투기를 억제하기 위해 법률을 개정하였다. 장차 주택으로 전환이 예정되어 있다는 점에서 분양권도 <u>2021년 이후 취득분부터 1세대1주택 비과세규정 적용 시 주택 수에 포함되도록 하였다.</u> 이렇게 분양권이 주택 수에 들어가면서 세금에 대한 다양한 이슈가 발생했다. 취득세, 보유세 그리고 양도소득세와 관련해서 어떤 변화가 있는지 한번 살펴보자.

'취득세'는 취득하면서 발생하는 세금이다.

취득세는 취득한 시점이 언제냐에 따라 다른 세법이 적용된다. 2020년 8월 12일 이전 취득한 분양권의 경우 추후 취득하는 시점의 주택 수에 따라 취득세율이 결정된다. <u>2020년 8월 12일 이후 취득한 분양권의 경우 취득세 중과 여부를 판단하는 시점은</u>

계약 시의 주택수가 취득세의 산정기준이 된다. 취득세는 아파트가 지어져 잔금을 치르고 입주하는 시점에 납부하면 취득세율은 주택수와 지역에 따라 1%에서 12%범위에서 달라진다.

'보유세'는 부동산을 보유하면서 발생하는 세금이다.

보유세는 재산세와 종합부동산세가 있다. 재산세나 종합부동산세와 같은 보유세에는 주택이 아닌 분양권에는 적용되지 않는다. 그래서 분양권의 재산세는 아파트 단지 준공일을 기준으로 해서 재산세가 나온다고 생각하면 된다.

'양도소득세'는 매도자가 분양권을 양도하면서 발생하는 소득세에 대한 세금이다.

분양권 자체의 양도세율은 간단하다. 하지만 분양권을 주택으로 보게 되면서 발생하는 다른 주택들의 양도소득세가 굉장히 복잡하게 얽혀 있다. 우선 분양권 양도소득세부터 알아보자. 양도소득세는 취득 후 매도 기간에 따라 다른 세율이 적용된다. 분양권을 1년 미만으로 보유하고 매도하면 양도 차익의 70%의 세율이 적용된다. 1년 초과라면 양도 차익의 60%의 세율이 적용된다.

그런데 분양권은 다른 주택을 가지고 있을 때 주택수로 본다는 점에서 양도소득세 중과가 발생하는지 여부가 문제가 된다. 예를 들어서 주택을 한 채 가지고 있는데, 분양권 취득을 하게 되면 당장 입주할 수 없는 상태라고 하더라도 2주택자가 돼버리니까 기존 주택을 처분할 때도 2주택자로 양도세가 나올 수 있는 것이다.

그렇지만 여기서 또 일시적 2주택 양도세 비과세 혜택이 있기 때문에 기존 주택이 비과세 요건을 갖추고 있다면 분양권을 취득한 날로부터 3년 내에 종전 주택을 양도하면 일시적 2주택으로 비과세 적용을 받을 수 있다. 기존의 주택을 취득한 날로부터 1년이 경과해서 다른 주택을 취득하고 3년 내에 종전 주택을 처분하게 되면 비과세가 된다. 그러니까 분양권을 취득한 날로부터 3년 내에 처분을 하면 되는 것이다. 그런데 만약에 공사기간이 3년이 넘어가는 아파트 단지면 어떻게 될까? 들어갈 집도 없는데 기존 집을 처분해야 되는 안타까운 상황이 발생할 수도 있다. 그래서 이와 관련해서 예외 규정이 있다.

신규로 취득한 주택이 조합원 입주권이나 분양권인 경우에는, 그 분양권이 입주 가능한 날로부터 3년 내에 입주해 세대원 전원이 전입해서 1년 이상 거주한 곳이라면 종전 주택을 입주 가능일로부터 3년 내에 처분하더라도 일시적 2주택 비과세 특례가 적용이 된다. 다만 이미 2주택자인 사람이 분양권을 취득하면 3주택자가 되어 나중에 입주하는 아파트의 취득세가 8%가 나오게 된다. 그리고 종전 주택은 일시적 2주택 비과세도 못 받게 된다. 그래서 무조건 양도세를 납부해야 되는 상황이 발생한다.

거기다가 조정 대상 지역 같은 경우는 양도세 중과 여부를 판단할 때 분양권도 주택 수에 포함이 되기 때문에 기존 주택 중 처분하는 주택의 중과세율이 적용될 수가 있기 때문에 예전처럼 세금에 대한 고려없이 분양권을 취득하기는 어려워졌다고 봐야 한다.

05
8년 자경농지는 양도하면 세금이 감면된다

자경농지에 대한 양도소득세의 감면 요건은 농지요건, 거주요건, 경작요건 3가지이다.

자경감면 대상 농지 판정 기준일은 양도일 현재다.

농지는 전·답·과수원으로서 지적공부상의 지목에 관계없이 실지로 경작에 사용되는 토지를 말한다. 농지경영에 직접 필요한 농막·퇴비사·양수장·지·농로·수로 등도 포함한다. 양도 당시의 실질에 따른 판단에서 관련 판례를 보면 공부상 지목이 농지라도 양도일 현재 실제 경작에 사용되지 않은 토지는 농지로 사용하지 않는 사유가 자의이든 타의이든 일시적 휴경상태가 아닌 한 양도일 현재 농지로 볼 수 없다고 했다. 양도일 현재까지 농지에 경작을 하고 있어야 한다는 것이다.

거주요건은 농지 소재지 근처에서 거주해야 한다.

농지가 소재하는 시·군·구(자치구인 구)안의 지역이나, 그 지역과 연접(농지 소재지와 거주지가 행정 구역으로 맞붙어 있는 것)한 시·군·구의 지역 또는 해당 농지로부터 직선거리 30km 이내의 지역을 말한다. 거주요건을 주로 사실판단 및 입증 문제에 귀착되기에, 가족과 떨어져서 주민등록이 되었는지, 종전의 주민등록지와 이전된 주민등록지와의 관계, 농지소재지와 사업장 내지 근무지 간 거리, 신용카드 사용내역 및 그 지역, 거주 건물의 전기료나 수도료 내역, 자동차 주행기록, 거주지의 우편물 수령 내역 등으로 입증해야 한다.

경작요건은 직접 경작을 해야 한다.

자경농지 감면을 적용받으려면 취득한 때부터 양도할 때까지의 사이에 8년 이상 자기가 직접 경작을 해야 하는데, 직접 경작이란 농작업에 상시종사하거나, 2분의 1 이상을 자기노동력으로 경작하는 것을 말한다. 따라서 다른 소득이 없더라도 농지를 위탁

`part 05`

경영을 하거나 대리경작 또는 다른 사람에게 빌려준 농지는 제외된다. 또 동일 세대원인 다른 가족이 경작한 경우에도 자경으로 보지 않으므로 주의해야 한다. <u>단 자경기간 내 다른 소득이 있는 경우 경작한 기간에서 제외가 된다.</u> 경작기간을 계산할 때 총급여액 또는 사업소득금액이 연간 3,700만원 이상, 총수입금액(농·임업소득, 부동산임대업소득, 농가부업소득은 제외)이 도소매업, 부동산매매업일 경우 3억원 이상, 제조업.숙박업 및 음식업 등은 1억5,000만원 이상, 서비스업등의 경우는 7,500만원 이상일 경우 경작기간을 계산할 때 경작기간에서 제외된다.

자경농지를 상속·증여할 때 인정되는 자경기간은 다르다.

상속의 경우에는 상속인이 상속개시일 이후 1년 이상 상속농지를 재촌자경하는 경우와 상속인이 1년 이상 재촌자경하지 않은 경우로 구분한다.

<u>상속받은 농지의 경작기간 계산 시 상속인(유산을 받는 유가족)이 상속개시일 이후 1년 이상 상속농지를 재촌자경한 경우 피상</u>

속인(돌아가신 분)의 재촌자경기간을 상속인의 경작기간으로 간주해 자경 기간을 합산한다. 이 경우 상속인은 피상속인의 자경 기간을 합해서 8년 이상이면 자경농지 양도에 대한 양도세 감면을 받을수 있다.

상속인이 1년 이상 상속농지를 재촌자경하지 않은 경우 상속개시일로부터 3년 이내 그 농지를 팔면 피상속인의 경작기간을 상속인의 경작기간으로 인정해준다.

반면 농지를 증여하는 경우는 다르다.

수증자(재산을 받는자)가 직접 경작한 기간만 자경 기간으로 인정받기 때문이다. 즉 아버지가 오랫동안 직접 농사짓던 농지를 자녀에게 증여해도, 자녀가 농지를 증여받은 날 이후에 8년이상 직접 농사를 지어야만 그 농지에 대한 양도세를 감면받을 수 있다.

양도일 현재 농지가 아니거나 일정금액 이상의 다른 소득이 있어 경작기간으로 인정받지 못하는 경우 자경농지 감면이 배제될 수 있으므로 농지를 양도하기 전에 자경농지 감면 요건을 충족했는지 미리 확인해야 한다.

자경농지에 대한 양도소득세 감면은 ① 취득일부터 양도일 사이에 8년 이상 농지 소재지에 거주하면서 ② 직접 경작해야 하고 ③ 양도일 현재 농지일 것을 요건으로 한다. 매매를 용이하게 하기 위한 목적 등으로 농지를 나대지, 잡종지 등으로 변경하는 경우 자경농지 감면을 적용받을 수 없다.

06
이혼에 따른 재산분할에 대한 세금은?

대다수가 이혼할 때 재산분할이나 위자료에 대한 관심은 많지만, 절세에 대해서는 생각하지 못한다. 재산분할 대상이 많거나 그 중에서 부동산이 있는 경우에는 반드시 세금까지 고려해야 한다. 이혼 과정 자체도 힘든데, 이런 경우에는 예상치 못한 세금 문제로 추가적인 심적 고통을 겪게 되기 때문이다.

재산분할이나 위자료가 현금성 자산인 경우에는 문제가 발생하는 경우는 거의 없다. 그런데 부동산인 경우에는 다르다. <u>소유권 이전 등기를 할 때에는 소유권 이전 원인을 반드시 작성해야 되는데 이혼에 의해 부동산을 이전할 때에는 원인이 재산분할, 위자료 아니면 부부간 증여일 수도 있다.</u> 그런데 소유권 이전 등기의 원인에 따라 부담해야 하는 세금이 달라진다.

첫번째 소유권 이전 원인이 재산분할로 인한 경우다.

part 05

재산분할 청구권에 의한 이전 등기는 혼인기간동안 형성된 재산을 각자의 기여도에 따라서 청산하는 과정이다. 그래서 등기상 소유자로 표시가 안 되어 있다고 생각하면 된다. 원래 받아야 할 재산을 이전받는 것이기 때문에 그 부동산 취득일은 명의이전 당시가 아니라 당초 배우자의 부동산 취득일이 된다. 즉 <u>부동산 취득일이 이혼 시기가 아닌 배우자가 부동산을 취득할 시기이다</u> 보니까 재산을 주는 입장에서는 양도소득세가 발생하지 않는다. 하지만 소유권 이전 등기를 받는 사람은 등기이전에 따른 <u>취득세를 부담해야 한다.</u> 지방세법에서는 이혼을 하면서 재산 분할로 취득세 과세 대상인 재산을 취득하는 경우에는 일반 취득세율에서 경감된 세율을 적용하여 취득세를 부과한다.

두 번째 소유권 이전 원인은 위자료에 의한 경우다.

위자료 명목으로 재산을 취득하는 경우에는 세법상 증여로 보지 않기 때문에 그 재산 취득에 대해서는 증여세를 낼 필요가 없다. 그러나 위자료를 지급하는 사람은 지급하는 재산의 종류에 따라 양도세를 내야 할 수도 있다. 현금으로 위자료를 지급하는 경우에는 양도세를 낼 필요가 없다. 하지만 부동산 등 양도세 과세 대상인 재산을 위자료로 지급하면 그것을 유상으로 양도한 것으로 보기 때문에 양도세를 내야 한다. 세법상 양도세 과세 대상 물건은 토지나 건물, 부동산에 관한 권리, 상장법인의 대주주의 주식, 비상장법인의 주식 등이 있다. 이혼하면서 위자료를 현금으로 지급하는 대신 자기가 소유하고 있던 부동산의 소유권을 이전해주는 것은 그 부동산을 처분해서 현금으로 주는 것과 마찬가지의 효과가 있기 때문에 양도세를 부과하는 것이다. 그래서 위자료는 웬만하면 현금으로 받거나 부동산만 있고 현금이 없다면 이혼 소송 과정에서 양측이 절세를 위해서 위자료 대신 재산분할을 더 많이 받는 것으로 정리할 필요가 있다.

세 번째 이혼하기 전 부동산을 증여할 수도 있다.

그런데 재산분할의 대상이 되는 부동산이 최초 취득 시보다 현 시점에서 많이 올랐다면 재산분할을 해주는 입장에서는 크게 문제가 안된다. 그러나 받아야 되는 입장에서는 나중에 해당 부동산을 매도할 때 부담해야 되는 양도소득세를 고려해야 한다.

part 05

재산분할로 받은 부동산의 취득은 최초 배우자가 취득한 시기를 기준으로 하기 때문에 양도 차익이 커질 가능성이 있다. 그러면 재산 분할을 받은 사람 입장에서는 부동산을 매도했을 때 손에 쥐게 되는 금액이 현저히 줄어드는 결과가 발생한다.

예를 들어 배우자가 최초로 부동산을 취득했을 때는 3억원이었는데, 재산분할로 소유권 이전 등기를 할 당시 6억원으로 올랐고 이를 제3자에게 매도할 당시에는 10억원이라고 가정을 해보자. 부동산을 받는 사람이 매도할 때 양도차익은 매도 당시 10억원에서 최초 취득 시인 3억원을 공제한 7억원이 된다. 그런데 이혼 준비 중에 6억원을 증여로 받는다면 양도차익은 10억원에서 이혼 당시의 시가 6억원을 뺀 4억원이 되게 된다. 취득세는 차이가 발생할 수 있어도 어떤 부분이 더 유리한지 감안하여 이혼 전에 부부 간 증여도 고려해보는게 좋다.

반대로 부동산을 주는 사람 입장에서는 세금 혜택을 보도록 해주었으니 재산분할액을 조율하자고 할수도 있다. 부부간 증여의 경우에는 고려할 점이 정말 많아 서로 도움이 될수 있는 방법을 찾는 것이 중요하다. 부부 간 증여는 10년간 보유하지 않으면 취득가액이 증여일이 아니라 최초 배우자가 부동산을 취득한 날로 보기 때문에 취득세만 많이 내고 양도세 절감 효과는 못 볼 수도 있다. 그래서 이 부분은 전문가와 반드시 상담을 하고 결정을 해야 한다. 그 외에도 재산분할 부동산이 부동산 양도세 비과세 조건인 경우 장기보유 특별공제 조건을 갖추었는지 여부도 종합적으로 고려해서 어떤 것이 이득인지 분석해 봐야 한다.

07
해외주식 양도소득세
절세팁 3가지

해외 주식 세금도 몇 가지만 알면 절세할 수 있다. 해외주식 양도소득세를 절세할 수 있는 꿀팁을 세 가지로 추려봤다.

먼저 해외주식 관련 세금에 관해 알아보자. <u>해외주식 세금은 '배당소득세'와 '양도소득세' 두 가지가 있다.</u> 배당소득세는 배당금에 대한 세금이다. 배당금은 주식을 보유하고 있는 투자자들에게 일정한 시점에 현금으로 지급하는 것을 말한다. <u>미국 주식의 경우 배당소득세 16.5%를 차감하고 통장에 입금된다.</u> 이렇게 해외 국가에서 배당금이 들어올 때는 해외 국가와 우리나라의 배당소득세를 비교한 다음 더 높은 세율로 부과한다. 별도로 낼 세금은 금융소득(이자소득과 배당소득)이 2,000만원 초과할 경우 다른 소득과 합산하여 종합소득세가 부과될 수 있다.

두 번째로 매매차익에 대한 양도소득세이다. <u>매년 1월 1일부터 12월 31일까지 해외주식의 매매활동을 통한 모든 수익과 손실중 매도 실현한 것에 대해서만 합산한다. 해외주식의 경우에는 국가별, 종목별, 보유기간, 수익금액에 상관없이 단일 세율을 적용한다. 그래서 국가별로 계산할 필요도 없다. 양도소득금액에서 250만원 이상일 경우 초과 금액에 대해서 22%의 세금을 납부하면 된다.

예를 들면 A주식을 1,000만원에 사서 올해 10월에 2,000만원에 팔았다면 매매차익이 1000만원이다. 250만원까지는 세금을 안내도 된다고 했으니까 1,000만원에서 250만원을 뺀 750만원에만 22%의 세금 165만원의 세금을 납부하면 된다.

해외주식 양도소득세 계산

{2,000만원(양도가)−1,000만원(취득가)-기본공제(250만원)} × 22%
= 165만원

그럼 이렇게 많이 드는 해외주식 양도소득세 절세방법은 어떤 것이 있을까?

part 05

첫 번째 방법으로는 매년 '250만원'씩 차익을 실현하는 것이다.

해외주식 투자자 중에는 나는 장기투자자니까 주식을 절대 안 팔 거라 생각하는 경우도 많다. 그러나 한꺼번에 수익을 실현하게 되면 자칫 양도소득세 폭탄을 맞게 될수 있다. 250만원 초과분에 대해서는 22% 세율이 매겨지기 때문에 양도소득세가 많을 수밖에 없다. 매년 250만원씩 차액을 실현했을 경우와 4년 동안 한번도 차익을 실현하지 않고 한꺼번에 매도했을 경우를 비교해보면 실제 세금 차이가 한눈에 보인다. 최근 4년동안 누적 수익금은 2,500만원이었다면 해마다 250만원씩 팔아서 차액을 실현한 경우에는 최종적으로 내야 할 세금이 330만원 이다. 하지만 매년 차액을 실현하지 않고 올해 한꺼번에 매도했을 경우 내야 할 세금은 무려 495만원 이다. 세금으로만 165만원 차이가 발생하게 되는 것이다. 여기서 누적 수익금이 더 증가하거나 투자 기간이 더 길어진다면 세금 차이는 더 벌어지게 된다. 매년 연말에 250만원 차액을 실현한 다음 그 주식을 다시 매수하는 방법이 가장 좋다.

두 번째 절세방법은 '손익통산'을 활용하는 것이다.

해외주식의 경우 손익통산으로 과세를 한다. 손익통산이란 손해와 이익을 합산해서 계산하는 것이다. A 주식에서 500만원 이익을 얻고 B주식에서 손실 200만원, C주식에서는 100만원의 이익이 발생했다고 가정해보자. 그럼 현재 A주식과 C주식으로 600만원을 벌었고 여기서 B주식으로 200만원을 잃었으니까 총 손익을 통산한 금액은 400만원이 된다. 400만원에서 기본공제 250만원을 빼주게 되면 33만원의 세금만 납부하면 된다.

만약 손익통산을 안 해줬다면 수익금 600만원 전체에 대해서 세금을 내야 하기 때문에 세금은 77만원이 된다. 이 점을 활용하여 계좌에서 손실이 난 종목이 있다면 매도를 한 다음 다시 재매수를 하게 되면 손실만큼 수익에 대한 세금을 절세할 수가 있다.

세 번째 방법은 '배우자에게 증여'하는 방법이 있다.

예를 들면 부인이 엔비디아 주식을 1억에 매수했다. 그리고 2년

part 05

뒤에 엔비디아 주식이 상승하여 3억으로 올랐을 때 남편에게 증여를 하게 된다. 이때 배우자 증여는 6억까지 공제되기 때문에 증여세는 없다. 그런 다음 남편이 증여받은 후 1년 이후 이 엔비디아 주식을 제3자에게 4억에 매도했을 경우에는 과연 양도소득세 세금은 얼마일까?

양도소득세 계산시 취득가액은 증여받은 시점의 전후 각각 2개월씩 총 4개월간의 종가 평균을 계산해서 구하는데 큰 변동이 없다면 증여시점에 취득가액은 3억원이고 남편이 증여받은 후 1년 이후에 4억원에 매도했다면 양도차익이 1억원이라 2천145만원 정도의 세금이 나온다. 부인이 바로 제3자에게 양도했을 경우에는 6천450만원의 세금이 나온다. 무려 4천4백만원을 절세할 수 있다.

이렇게 해외주식 증여로 절세하는 방법이 2024년 12월 31일까지는 증여받은 후 바로 매도하여 양도소득세가 없는 경우도 많았다. 하지만 <u>2025년 1월 1일부터는 증여하고 나서는 최소 일 년 뒤에 팔 수가 있다.</u> 1년 이내에 매도할 경우, 취득가액은 증여받은 시점이 아닌 최초 증여자가 취득한 가액으로 산정되므로 증여로 인한 양도소득세 절세효과를 누릴 수가 없다. 취득가액과 양도가액이 지금은 똑같으나, 일 년 뒤에 팔 경우에는 주식이 상승할 수도 있고 하락할 수도 있어 이런 부분에서 리스크가 있다는 점을 염두해두고 계획을 세워야 한다.

또한 국내주식은 양도소득세 대상이 아니므로 굳이 증여하여 10년 이내의 증여공제를 낭비할 필요가 없다. 이 경우 해외주식과 같은 이유로 국내주식을 증여하는 불필요한 거래는 할 필요가 없는 것이다.

<u>마지막으로 증여받은 주식 매도 후 생긴 자금은 다시 배우자에게 돌려주면 안된다. 증여 후 양도하고 그 자금이 다시 증여자에게 돌아가면 부당행위 계산 부인이 적용되어 결국 증여자가 직접 양도한 걸로 보기 때문에 절세효과는 물거품이 되기 때문이다.</u>

06

증여세 완전 분석

1. 언제 증여하면 좋을까?
2. 증여세 걱정 없는 차용증 작성하기
3. 가족끼리 부동산을 저렴하게 매매할 수 있을까?
4. 증여세 줄이기 '부담부 증여'
5. 혼인 및 출산시 재산 증여 1억원 공제
6. 창업자금 증여시 세금혜택
7. 가업승계 지원제도 - 증여세편

01
언제 증여하면 좋을까?

대부분의 부모들은 자녀에게 언제, 어떠한 방법으로 재산을 증여할지 고민한다. 더러는 자녀에게 세금 없이 면세점 이하의 금액으로 증여했다며 자랑스러워 하는 경우도 있다. 물론 그것도 나쁘진 않다. 증여는 각자 형편에 따라 하는 게 가장 현명한 방안이다.

그러나 당장의 절세에만 매몰되면 더 큰 그림을 보지 못하는 경우도 생긴다. 세법에서는 10년 단위로 재산을 증여할 경우 증여재산에서 일정 금액을 공제할 수 있도록 하고 있다. 배우자에게는 6억원, 자녀에게는 5,000만원(미성년 자녀에게는 2,000만원)의 공제가 적용된다.

예를 들어 만 30세가 되는 해에 독립을 할 경우, 태어났을 때부터 10년 단위로 증여재산공제 만큼 증여세 신고를 했다고 하자.

증여공제항목	
수증자	증여재산 공제 한도
배우자	6억원
직계비속	5천만원(미성년자 2천만원)
직계존속	5천만원
기타친족	1천만원

증여재산 공제 한도는 10년간의 누계한도액임

이 경우 태어났을 때 2,000만원, 만 10세때 2,000만원, 만 20세 때 5,000만원, 만 30세때 5,000만원 해서 총 1억4,000만원까지는 세금 없이 증여할 수 있다. 증여한 금액에 n%의 수익을 보는 경우에는 더 큰 금액을 자녀가 독립할 때 국세청으로부터 종잣돈으로 떳떳하게 줄 수 있다.

본인의 재산이 40억 정도라면 상속세 세율은 30%에 해당 된다. 그런데 상속은 한참 뒤에 발생할 일이다. 즉 지금 40억 재산이 10년뒤 100억이 된다면 대체 상속세로 얼마의 세금을 납부해야 할까? 피땀 흘려 이룬 재산이 고액의 상속세 재원 마련 및 납부를 위하여 헐값에 부동산 매각등으로 반토막이 되는 순간이다. 이런 경우에는 증여세를 납부하더라도 조금 일찍 재산을 자녀들 명의로 넘겨주고 합법적으로 재산을 늘릴 수 있도록 하는 것이 현명할 것이다.

part 06

증여세 세율

과세표준	세율 - 누진공제액
1억원 이하	10%
1억원 초과 5억원 이하	20% - 1천만원
5억원 초과 10억원 이하	30% - 6천만원
10억원 초과 30억원 이하	40% - 1억6천만원
30억원 초과	50% - 4억6천만원

증여세 산출세액 = (증여세 과세표준 × 세율) - 누진공제액

또 많은 사람들이 오해를 하고 있는 것 중 하나가, 증여재산세액공제 만큼은 신고를 안하고 증여를 해도 된다고 생각하는 부분이다. 물론, 세금이 없으면 증여세 신고를 하지 않더라도 불이익은 없다. 하지만 증여세 신고를 한 금액은 나중에 재산을 취득하거나 채무를 갚은 사실을 객관적으로 입증해야 할 때 자금의 원천으로 인정되므로 증여세가 없어도 증여세 신고를 하는 것이 좋다.

몇 해 전 거래처 K 대표 아들의 상담 사례인데, 아들에게 소액을 증여하였다. 몇 년 후 아들이 일정 수준 이상의 재산을 갖게 되어 국세청의 자금출처 조사를 받게 된 경우이다.
K 대표는 아들이 30세가 되던 해 아들 명의로 1억5,000만원의

아파트를 구입해 주었다. 아파트 취득자금은 증여세 신고 없이 현금 증여한 1억원과 아파트 담보 대출 5,000만원 이었다. 4년 뒤, K 대표의 아들은 결혼으로 새로운 보금자리를 찾아야 했다. 새 아파트의 가격은 8억이나 되었다. 다행히 기존의 아파트 가격이 많이 올라 2억5,000만원만 대출 받으면 새 아파트로 이사가기에는 문제가 없었다. 34세에 8억원이라는 부동산 가격은 큰 금액이겠지만 K 대표의 아들에게는 기존의 아파트가 효자 노릇으로 전혀 부담스럽지가 않았다.

하지만 이사를 하고 2년이 지날 무렵 국세청으로부터 8억원에 대한 부동산 자금출처 조사가 나왔다. K 대표의 아들은 8억원에 대한 자금출처는 기존 아파트 매매자금 5억5,000만원과 담보 대출 2억5,000만원으로 자금출처를 소명하였다. 하지만 국세청은 최초 아파트 취득자금 1억 5,000만원 전체를 증여로 보고 증여재산공제 5,000만원를 제외하고 증여세 1,000만원과 가산세 2,500만원까지 결정하여 총 3,500만원을 고지하였다.

이 경우는 단순히 자녀에게 재산을 무상으로 주는 것이 아니라,

part 06

자녀에게 재산을 증식할 수 있는 씨앗을 주는 가장 훌륭한 증여 방법이었다. 하지만 최초 증여금액이 소액이라 증여세 신고를 누락하여 나중에 더 큰 세금을 부담한 경우를 보여준 사례였다. 생각보다는 세금이 적다고 생각할 수도 있겠지만 원칙적으로 처리했을 경우에는 1,000만원만 납부하면 끝날 일이었다. 만약에 K대표가 정치인이나 고위 공직자였다면 지금껏 쌓아 올린 명예에 흠집이 생길 수도 있었다.

일반적으로 증여는 재산을 자녀에게 물려주는 단순한 것으로 인식한다. 그러나 증여의 핵심은 자녀의 재산을 형성할 수 있는 기틀 마련이다. 지금 당장 얼마의 재산을 주는 것보다 그 재산을 바탕으로 자녀가 추가적인 수익을 얻어 재산을 증식해 나갈 수 있는 씨앗을 주어야 한다.

자녀가 재산을 빨리 형성할 수 있도록 기틀을 마련해 주고 싶거나 상속세를 걱정할 정도의 재산이 있다면 일반적인 상황에서는 향후 자산 가치가 상승할 것으로 예상하고, 보유한 재산 중 꾸준한 수익을 줄 수 있는 재산이 있으면 증여시기를 앞당겨 그 재산을 증여해 주는 것을 권장한다. 이 의사결정은 추후 상속세까지도 큰 절세효과를 볼 수 있다.

02
증여세 걱정 없는 차용증 작성하기

요즘에는 개인이나 법인이 규제 지역에서 주택을 구입하거나 6억원 이상의 주택을 구입하게 되면 자금조달계획서를 작성하여 제출하는 것이 의무화되어 있다. 자금조달계획서는 실거래가 신고를 하면서 제출하는 것이 일반적이다. 증빙자료를 제출하지 않거나 허위 제출하게 되면 과태료가 500만원에서 3,000만원까지 부과될 수 있다. 이 과정에서 세금탈루 혐의가 발각이 되면 세무조사까지 이어질 수 있다.

세무 상담을 하다 보면 결혼으로 인한 주택 마련 등의 이유로 증여와 차용에 대한 질문을 많이 받는다. 증여는 부모 자식 간에는 5,000만원(결혼,출산 1억원 별도)을 초과하면 세금이 붙다 보니 빌리는 것으로 할 수 없겠느냐며 물어온다.

증여와 차용의 차이점을 보면 증여는 대가 없이 받는 것이고 차용은 말 그대로 빌리는 것이다. 그래서 차용을 했으면 이자는 당연하고 원금까지 갚아야 된다는 전제가 있어야 한다. 그래서 <u>국세청에서도 부채 사후관리를 통해서 자금조달계획서의 차용을 상환 여부까지 추적하겠다라는 입장이다.</u>

기본적으로 국세청은 부모 자식 간의 금전거래를 증여로 추정한다고 이야기 하고 있다. 그럼 이런 상황에서 실제 차용을 했을 경우 증여가 아니고 차용으로 인정받고 넘어갈 수 있는지 알아보자.

첫 번째, 해당 차용증이 돈을 실제로 빌릴 당시에 작성된 것인지 아니면 국세청 입장에서는 조사가 나왔을 때 사후적으로 작성한 것인지 의심을 할수 있다. 이 부분을 피해 가려면 어떻게 해야 할까. <u>실제로 돈을 빌릴 당시에 작성했다라는 것을 입증하면 되는데 그 방법은 차용증에 공증을 받아뒀다가 빌린 날을 입증하면 된다.</u>

두 번째, 공증보다 더 중요한 것은 차용증 내용대로 그 원리금 상환을 어떻게 이행을 하고 있느냐가 가장 중요한 핵심이다.

자금출처 조사가 차용증 작성후 3년 후에 나온다고 가정했을 때

part 06

실제로 차용증대로 상환이 이행되고 있지 않다면 증여로 바로 의제가 되어 증여세와 가산세 등이 부과된다. 그래서 원금과 이자는 반드시 상환해야 한다. 당연히 현금으로 상환했다는 것은 전혀 인정이 안 되기 때문에 반드시 계좌이체를 통해서 지급하기를 권장한다.

부모님과의 금전거래가 차용으로 인정되었다면 이자를 얼마나 지급해야 하는지 **무이자나 저리로 빌려도 증여세가 과세되지 않는지 알아보자.**

증여세법에서는 금전을 무이자 또는 적정 이자율 4.6%보다 저리로 빌려 계산된 이자가 1,000만원 이상(1년 기준)이면 증여세가 과세되고, <u>1,000만원 미만(1년 기준)이면 증여세를 부과하지 않는다.</u> 예를 들면 부모님께 3억원을 빌렸다면 적정이자율 4.6%로 계산하면 이자가 1,380만원이다. 1년에 1,000만원 이상이라 증여세 과세 대상이다. 그래서 증여세를 피하기 위해 이자를 받았다면 이자소득세에 대한 이슈가 발생한다. 이 이자는 사적 금전대차거래라고 하여 이를 비영업대금 이익이라고 하는데, 비영업대금에 대한 이자 소득세는 27.5%로 약 380만원 상당의 소득세가 발생한다.

그러면 우리가 증여세도 피하고 이자소득세도 안 낼수 있는 방법이 있을까.

차용증을 잘만 활용하면 비영업대금 이익에 대한 소득세도 절세를 할 수가 있다. 부모님로부터 2억원을 빌린다고 가정을 해보자. 적정이자율 4.6%로 계산하면 이자가 920만원이다. 이 이자를 부모에게 안 줬다라고 해도 1,000만원 미만이라 증여에 해당이 안된다. 이자를 안받았기 때문에 소득세도 발생하지 않는다. <u>따라서 2억 정도 빌려서 무이자로 쓴다고 계약하면 증여세도 소득세도 안 낼수 있다.</u>

금전 무상대출 등의 적용 예시		
2억원 무상 대여	2억원 × 4.6% = 920만원	증여세(×)
3억원 무상 대여	3억원 × 4.6% = 1,380만원	증여세(○)
5억원 대여(연2%)	5억원 × (4.6%-2%) = 1,300만원	증여세(○)
5억원 대여(연3%)	5억원 × (4.6%-3%) = 800만원	증여세(×)

차용증은 법적 양식이 없다. 차용증을 너무 어려운 양식이라 생

part 06

각하지 말고 타인에게 2억원을 빌려준다 생각하고 어떠한 내용이 들어가야 할지를 나열하면 된다. <u>이름, 주민번호, 집주소, 연락처, 상환방법 및 상환스케줄, 계좌번호 그리고 만약에 안 갚을 경우 압류 행위등 특약정도 넣을 수 있으면 좋다.</u>

자금조달계획서에 기타 차입금 항목이 너무 크면 자금출처 대상자로 우선 선정될 가능성이 높다. 가능한 금융기관 대출을 이용하고 그래도 부족한 자금은 증여와 차용을 적절하게 섞어서 하는게 좀 더 안전하다. 추가적으로 요즘에는 차용증으로 자녀의 자금출처는 소명되었다 하더라고 빌려준 사람의 자금 출처에 대한 조사가 이루어지는 경우가 많다. 빌려주는 부모 역시 출처가 명확한 자금으로 빌려주어야 함을 명심해야 한다.

03
가족끼리 부동산을
저렴하게 매매할 수 있을까?

가족끼리 주택을 매매 할 수 있을까? 일시적 2주택 비과세를 받을려고 하는데 거래가 쉽지 않아 가족끼리 매매를 고민하는 이들이 있을 것 같다. 또한 다주택을 갖고 있는 부모들의 고민은 다주택을 정리해서 종합부동산세 부담을 줄이고 싶은데 집을 남한테는 팔기 아까워 하는 경우도 있다.

이럴 때 가족 간 매매를 고려하게 될 것 같은데 가능할까? 가능하다.

가족 간의 거래를 하는 것인데 가격을 어떻게 정하면 좋을까? 조금 저렴하게 거래해도 될까? 이 또한 가능하다.

다만 세법에서는 특수관계자 간 거래이기 때문에 두가지 이에 대한 규정 등을 두고 있다. 법에서 정한 특수관계자란 개인의 경우 배우자, 4촌 이내의 혈족, 3촌 이내의 인척등이 해당한다.

part 06

직계존비속에게 자산을 양도한 경우에는 그 직계 비속이 해당 자산을 증여받은 것으로 추정하지만 대가를 받고 양도한 사실이 명백히 인정되는 경우에는 증여로 추정하지 않는다.

하지만 이 경우에도 자산을 시가보다 낮은 가격으로 취득하였다면 낮은 가액으로 취득한 자가 증여세를 내야 할 수도 있다는 점을 알아두자.

<u>특수관계인으로부터 재산을 시가보다 낮은 가액으로 취득하는 경우로서 그 대가와 시가의 차액이 시가의 30%와 3억원중 적은 금액 이상이면 낮은 가액으로 취득하여 이익을 얻게 된 자가 증여세를 내야 한다.</u>

증여재산가액은 시가와 대가의 차액에서 시가의 30%와 3억원 중 적은 금액을 차감한 금액에 대해서 증여세를 부과하게 된다.

양도자에 대해서는 시가와 대가의 차액이 3억원 이상이거나 시가의 5% 이상인 경우에 한하여 시가에 의하여 양도소득세를 계산하고 있다.

예를 들어보자. **아버지가 보유한 시가가 8억원 상당의 아파트가 있다면 해당 부동산은 얼마나 저렴하게 거래할 수 있을까?**

증여세와 양도소득세의 기준이 다르다. 우선 증여세의 경우 시가의 30%와 3억원 중 작은 금액 범위 내에서 거래시 증여세 부담이 없다. 즉 8억원의 30%인 2억 4천과 3억중 작은 금액인 2억4천 까지는 저가로 거래해도 증여세 부담이 없다는 의미로, <u>5억6천으로 거래하면 증여세 부담이 없다.</u>

하지만 양도소득세의 경우 부당행위 계산 기준이 30%가 아닌 5%의 기준을 적용한다. 따라서 8억원에 5%인 4천만원 이상 대금의 차이가 난다면 해당 가액을 인정하지 않고 시가대로 양도한 것으로 본다. 즉 <u>양도가액 8억원에 대한 양도소득세를 계산하여 납부하게 되는 것이다. 만약 아버지가 보유한 주택이 1세대 1주택으로 비과세 대상이면 양도소득세도 없다.</u>

part 06

구 분	시가 8억 원 아파트	
	증여한 경우	5억 6천 원 저가양도한 경우	
증여세 (아들)	165,000,000원	-	
양도소득세 (아버지)	-	1세대 1주택일 경우	비과세
		양도소득세 대상일 경우*1)	80,000,000원

*1) 아파트 취득가액이 4억5천, 보유기간 10년, 비조정지역

그런데 만약 시가가 8억원인 부동산을 아들과 3억원에 거래하게 된다면 세금 문제는 어떻게 될까?

아들의 경우에는 증여세 부분을 검토해야 한다. 시가와 대가의 차이 5억원에서 기준금액 2억4천만원을 차감한 금액 2억6천만원에 대해 증여세를 부담하게 되는 것이다.

대가와 시가의 차액이 5억원이다. 양도세 계산 시 기준금액이 4천만원 이상이므로, 아버지가 아들에게 3억원에 양도하였지만 이 가격을 양도가액으로 보지 않고 시가 8억원으로 적용하여 양도소득세를 계산하게 된다.

이때 재산을 시가보다 낮은 가액으로 취득하여 증여세가 과세

된 증여재산가액은 추후 해당 재산을 팔 때 취득가액으로 인정된다. 3억원으로 취득한 주택을 아들이 나중에 팔 때 해당 증여재산가액 2억6천만원 포함된 5억6천만원이 취득가액으로 인정된다.

구 분	시가 8억 원 아파트		
	증여한 경우	3억 원 저가양도한 경우	
증여세 (아들)	165,000,000원	32,000,000원	
양도소득세 (아버지)	-	1세대 1주택일 경우	비과세
		양도소득세 대상일 경우*1)	80,000,000

*1) 아파트 취득가액이 4억5천, 보유기간 10년, 비조정지역

그렇다면 해당 부동산을 거래할 때 시가는 어떤 기준이 되는 걸까? 양도소득세와 상증세법의 기준을 살펴보자. 양도소득세 부당행위 계산 부인 규정 적용시 평가기간은 양도일 전후 3개월 이내에 있는 시가를 의미한다. 증여세법에서는 평가기준일을 기준으로 6개월 전부터 3개월 후까지를 적용하게 된다.

마지막으로 유의할 사항이 더 있다. 배우자 및 직계존비속 간의 양도는 기본적으로 증여로 추정되므로 국세청은 실제로 매매대금을 받았는지 여부를 확인하게 된다. 또한 대금 수수 사실이

part 06

확인되는 경우에도 매수인의 직업, 연령, 소득 및 재산 상태 등으로 볼 때 재산을 자력으로 취득하였다고 보기 어려운 경우에는 자금 출처에 대한 소명을 요청할 수 있으므로 이러한 출처가 충분한지 고민해보셔야 한다는 점 꼭 기억하도록 하자.

04
증여세 줄이기, 부담부증여

다주택자들의 가장 큰 고민은 '종합부동산세'다. 당장 세금 부담을 줄이려면 주택을 정리하는 수밖에 없는데, 미래가치를 따져보면 선뜻 물건을 매매 시장에 내놓는 것이 쉽지 않다. 반대로 일시적 2주택자들 중에는 주택을 매매하려해도 당초 예상처럼 거래가 성사되지 않는 바람에 계획에 없던 세금 고통에 짓눌리는 경우도 많다. 이럴 때 차선책으로 고려해 볼 수 있는 방안이 가족 간 매매나 증여다. 그런데 여기도 증여세라는 복병이 있으니 쉽게 덤빌 수 있는 문제는 아니다. 이런 고민을 덜어주는 방법이 있다. 바로 '부담부증여'다.

<u>부담부증여란 말 그대로 '증여에 부담 채무를 붙이는' 방식을 의미한다. 쉽게 말해 수증자가 부동산을 증여받는 동시에 채무를 같이 가져오는 것이라고 이해하면 된다.</u>

여기서 채무는 일반적으로 세입자의 전세보증금이나 금융 기관

part 06

으로부터 차입한 주택 담보대출을 뜻한다. 이것을 수증자인 자녀가 인수하는 조건으로 증여를 하는 것이다. 그럼 자녀 입장에서는 주택 재산가액에서 그대로 승계한 채무를 차감한 금액에 대해서만 증여세를 부담하면 된다. 부모입장에서는 자신들이 갚아야 될 채무가 자녀한테 이전됐다고 본다. 그래서 이 채무금액에 대해서는 양도소득세가 과세된다.

구 분	아버지	자녀
과세대상 및 세금	채무금액에 대한 양도소득세 과세	주택 재산가액 - 채무 = 증여재산 : 증여세 과세

다만, 채무가 있다고 해서 무조건 부담부증여로 인정받을 수 있는 건 아니다. <u>부담부증여로 인정받기 위해서는 4가지 요건</u>을 반드시 체크해야 한다. 첫째, 증여일 현재에 존재하는 채무여야 한다. 둘째, 증여 대상 주택에 담보되어 있는 채무여야 한다. 셋째, 수증자가 실제로 채무를 인수해야 한다. 넷째, 수증자가 인수받은 채무를 상환할 능력이 있어야 한다. 이렇게 4가지 요건을 충족한 부담부증여는 납부해야 할 세금도 달라진다.

단순 증여는 증여 가액에 대해 수증자가 증여세를 내야하지만,

부담부증여는 증여 가액에서 채무 인수액을 뺀 부분만 수증자가 증여세를 납부하고 채무인수액에 대한 부분은 증여자가 양도소득세를 납부한다. 취득세율에서도 차이가 있다.

예를 들어 **10년 전에 구입한 현재 시가가 6억원인 아파트를 자녀에게 증여할 계획이라고 가정해보자.** 해당 아파트의 취득가액은 3억원이고 세입자의 전세보증금은 4억원이다. 6억원 아파트를 자녀에게 증여하면 무려 1억원에 달하는 증여세를 내야 한다. 그런데 이 아파트를 부담부증여로 진행하면, 증여가액 6억원에서 채무인수액 4억 전세보증금을 차감한 뒤 남는 2억원에 대한 증여세만 납부하면 된다. 2억에 대한 증여세는 2,000만원이다. 대신 이 경우에는 부모가 양도소득세 3,000만원을 추가로 부담하게 된다. 양도소득세는 양도차액 2억원에 맞춰 부과되는데, 차액은 양도가에서 취득가를 뺀 금액이다. 양도가액은 자녀에게 부담을 넘긴 채무액 4억원이고, 취득가액은 2억원이다. 여기서 취득가액은 3억원에서 2/3(시가 6억원에서 채무액 4억원이 차지하는 비율)를 곱해서 계산됐다.

구 분	시가 6억 원 아파트 / 채무 4억 원		
	아들	아버지	
납부할 세금	증여세 2천만원	1세대 1주택일 경우	비과세
		양도소득세 대상일 경우	30,000,000원

part 06

결과적으로 부담부 증여로 발생한 세금은 증여세 2,000만원 양도소득세 3,000만원을 합쳐 총 5천만원이다. 단순증여와 비교해 보면 무려 5,000만 원의 세금을 아낀 셈이다. 만약 이 아파트가 비과세에 해당된다면 양도소득세가 없기 때문에 증여세 2,000만원만 부담하면 된다. 이렇게 되면 최대 8,000만원을 절세 할 수 있다.

부담부증여는 신고보다 그 이후가 더 중요하다. <u>부담부 증여로 인수된 채무 관련 자료를 국세청이 전산망에 모두 입력해서 부채 사후관리를 한다.</u> 부담부증여에 의해 인수된 채무가 어떻게 상환이 되고 있는지를 모니터링 하는 것이다. 세월이 흘러 수년 뒤에 세무서로부터 '국세 사후관리에 대한 해명자료 안내'라는 우편물 받는 경우는 이 때문이다. 만약 수증자가 채무를 상환했지만, 자금출처 소명을 못하는 경우에는 증여 추정 규정을 적용해 증여세가 과세될 수 있다. 이처럼 경우에 따라 부담부증여가 오히려 단순 증여보다 세금 부담이 많을 수 있으니 반드시 사전에 유불리를 검토하고 진행해야 한다.

05
혼인 및 출산시
재산 증여 1억원 공제

매년 혼인 건수는 역대 최저치를 기록하고 있다. 경제적인 어려움으로 청년들이 결혼을 기피하고 있기 때문이다. 정부는 결혼 및 출산을 독려하기 위해 결혼자금 등에 대한 증여의 경우 혜택을 주기로 결정했다. 2024년 1월 1일 증여분부터 적용되는 '혼인·출산 증여재산 공제'에 대해 알아보자.

'혼인 증여재산 공제'는 거주자인 자녀가 직계존속으로부터 혼인일 전·후 2년 이내에 증여를 받는 경우에 기존의 증여재산공제와 별개로 1억원을 추가로 증여세 과세가액에서 공제한다.

'출산 증여재산 공제'는 직계존속으로부터 자녀의 출생일 또는 입양일부터 2년 이내에 증여를 받는 경우에 기존의 증여재산공제와 별개로 1억원을 추가로 증여세 과세가액에서 공제한다.

다만 혼인에 따른 증여공제 1억원과 출산에 따른 증여공제 1억원을 중복 적용할 수 있는 것은 아니다. 둘 다 적용이 되더라도 혼인과 출산에 따른 증여공제는 최대 1억원 까지로 제한된다.

증여 공제는 직계존속으로부터 받는 경우에만 가능하다. 혼인은 혼인신고일을 기준으로 한다. 혼인공제는 혼인 전과 후로 구분한다. 만약 혼인 전에 공제를 받은 거주자는 증여일(공제를 적용받은 증여가 다수인 경우 최초 증여일 기준)부터 2년 이내에 혼인신고를 해야한다. 혼인신고일 전·후 2년 이내에 증여를 받았다면 5,000만원 기본공제와 별개로 1억원까지 증여세 과세가액에서 공제한다. 만약 혼인 자금으로 양가부모가 각각의 자녀에게 1억5,000만원씩 증여할 수 있다면 예비부부 및 신혼부부는 총 3억원까지 증여세 없이 증여를 받을수 있게 됐다.

증여는 다양한 방식으로 이루어진다. 현금 증여나 부동산 증여가 가장 일반적인 유형이다. 혼인·출산 증여공제는 증여재산의 종류를 제한하고 있지는 않다. 즉 현금, 부동산, 주식, 가상자산 등 재산의 종류와는 무관하다. 다만 증여세법에서는 23개의 조문에 혼인·출산 증여재산 공제가 적용이 되지 않는 증여에 대해 나열하고 있다. 이중 일반적으로 흔히 발생할 수 있는 두가지를 알아보자.

첫 번째 저가 양수 또는 고가 양도에 따른 이익의 증여다.

자녀가 부모의 부동산을 시세보다 싸게 사는 경우, 시세보다 낮은 금액으로 재산을 취득해 얻은 이익에 증여세를 과세하고 있다. 반대로 자녀의 부동산 등을 시세보다 높은 금액으로 부모에게 양도해 얻은 이익도 과세대상이다. 이처럼 부모 자식 간 저가 양수 또는 고가 양도의 이익을 얻은 경우에는 이번 신설된 '혼인·출산 증여공제'는 적용할 수 없다.

두 번째 채무면제 등에 따른 증여다.

채권자로부터 채무를 면제받는 경우에는 채무자는 빚을 갚지 않아도 되며 그에 따른 이익을 얻게 된다. 세법은 채무면제로 얻은 이익을 증여재산으로 보고 증여세를 과세하고 있다. 예를 들어 어머니가 2023년 8월 20일에 결혼을 앞둔 자녀에게 1억5,000만원을 현금을 보내면서 5,000만원은 증여공제를 적용해 증여세 신고를 했다. 나머지 1억원은 차용증을 작성하고 이자를 지급하고 있었다. 2024년 1월 1일 혼인공제 규정이 시행되자 채무자 자녀는 어머니로부터 빌렸던 1억원도 증여받은 것으로 처리해 추가 혼인공제 1억원을 받고 싶어 한다. 하지만 부모에게 빌린 금전에 대한 채무를 면제하는 경우에도 이번 신설된 '혼인·출산 증여공제'는 적용할 수 없다고 명시하고 있다.

혼인 증여공제를 적용받은 이후 만약 혼인이 안 되거나 취소가 된 경우에는 어떻게 할 것인가를 규정하고 있다. 원칙은 일반 증여로 전환돼 증여세가 발생할 수 있으니 자세히 알아보자.

혼인 증여공제를 적용받은 이후 약혼자의 사망으로 결혼을 할 수 없게 된 경우에는 그 사유가 발생한 달의 말일부터, 3개월 이내에 증여자에게 반환하는 경우에는 처음부터 증여가 없었던 것으로 본다.

혼인 전에 혼인 증여공제를 받았는데 2년 안에 결혼을 못했거나, 소송에 의해 혼인무효가 된 경우에는 당초 증여재산에서 혼인 증여공제를 배제해 수정신고를 해야한다. 신고를 안 했다면 기한 후신고를 해야 한다. 이 경우 가산세와 미납세액에 대한 이자상당액을 추가로 부담해야 한다.

출산도 마찬가지로 출산이나 입양일 기준으로 2년 이내에 증여를 받아야 공제가 가능하다. 그리고 혼인공제와 출산공제 두 개 다 합쳐서 한도는 1억원까지만 공제가 된다.

part 06

혼인·출산 증여재산 공제법을 보면 이혼이나 재혼에 대한 규정은 전혀 언급이 없다. 그래서 혼인신고를 했다면 공제가 가능하고 이혼했다고 해서 별도의 불이익은 없는 것으로 보여진다. 새롭게 만들어진 법인 만큼, 해석사례를 꼼꼼하게 살펴보아야 할 것이다.

기본적으로 공제를 해주는 5,000만원과 별도로 1억원까지 총 1억,5000만원을 공제를 받아서 1억 5,000만원을 증여하는 경우에 증여세가 발생되지 않는다. 증여세가 발생되지 않더라도 신고는 해야 공제혜택을 받을수 있다. 결혼을 계획하는 분들이라면 이 제도를 잘 활용하여 결혼 자금 부담을 낮추고 행복한 미래를 설계하길 바란다.

06
창업자금 증여시 세금혜택

2023년 구인구직 전문 포털 '알바천국'의 조사에 따르면 대학생 5명 중 3명은 졸업 이후 취업 대신 창업을 고민한 적이 있다고 할 정도로 창업을 준비하는 청년들의 수가 증가하고 있다. 특히 스타트업을 키우자는 사회 분위기에 정부 지원이 홍수처럼 넘쳐나서 대학생 창업사례도 늘어나고 있다.

많은 부모님들이 자녀들의 창업에 도움이 되고자 한다. 하지만 지원 자금에 대한 증여세를 부담하게 될까봐 고민이 많다. 그래서 창업자금증여세 과세특례제도에 대해 알아보자.

<u>창업자금 증여세 과세특례제도란 창업 활성화를 통해 투자와 고용을 창출하고 경제활력을 도모하기 위해 중소기업창업자금에 대해서는 100억원을 한도로 5억원을 공제하고 10%의 저율로 증여세를 과세하는 제도이다.</u> 특히 증여자가 사망한 경우에는 증여 시기에 관계없이 상속세 과세가액에 가산해 상속세로 정산하

part 06

고 있다.

다만 창업자금 증여세 과세특례를 적용받기 위해서는 해당 요건을 모두 충족해야 한다.

<u>18세 이상의 자녀가 중소기업을 창업할 목적으로 60세 이상의 부모(부모 사망시 조부모)</u>로부터 창업(50억원 한도이나 창업을 통해 10명 이상 신규고용시 100억원 한도임)할 목적으로 현금 등을 증여받으면 5억원을 공제하고 5억원을 초과하는 금액에 대해서 10%의 세율로 증여세를 계산하기 때문에 증여받은 금액 5억원까지는 납부할 증여세가 발행하지 않는다.

여기서 증여대상 물건은 양도소득세 과세대상이 아닌 재산이어야 하므로 <u>창업자금은 현금과 예금, 채권등을 들수 있다.</u>

그리고 주의해야 할 점은 창업자금 과세특례가 적용되는 업종인지를 창업 전에 꼭 확인하여야 한다.
<u>과세특례가 적용되는 대표업종으로는 음식점, 치킨전문점, 빵집,</u>

세차장, 미용실, 제조업, 건설업 등이다. 과세특례가 적용되지 않는 대표업종으로는 커피전문점, 주점, 노래방, pc방, 병원, 복권판매점, 일반교과학원, 도소매업, 부동산임대업 등이다.

창업자금 증여세 과세특례는 사후관리에 특히 신경 써야 한다. 이 자금은 창업을 지원하는 데 그 목적이 있기 때문에 증여받은 자녀는 증여받은 날부터 2년 이내에 반드시 창업을 해야 하며, 4년 이내에 창업자금으로 모두 사용해야 한다. 또한 창업후 10년 이내 해당 사업을 폐업하거나 휴업하게 되면 일반적인 증여와 동일한 방법으로 증여세를 계산해서 내야 하며, 이때는 이자까지 내야 한다.

한편, 증여한 부모가 사망하면 일반증여는 10년 이내 증여분만 상속세 계산할 때 상속세 과세가액에 가산하지만 창업자금 증여세 과세특례를 적용받은 창업자금은 상속세를 계산할 때 무조건 상속세 과세가액에 가산하여야 한다.

창업자금 과세특례를 적용받기 위해서는 증여세 신고기한까지

part 06

증여세 과세표준신고서와 함께「창업자금 특례신청 및 사용내역서」를 납세지 관할 세무서장에게 제출하여야 한다. 또한 창업일이 속하는 과세연도부터 4년 이내의 과세연도까지 창업자금 사용명세를 제출하여야 한다. 만약 창업자금 사용명세를 제출하지 않거나 제출된 창업자금 사용명세가 분명하지 않은 경우에는 사용명세서 미제출가산세가 부과된다. 한편, 창업자금 증여세 과세특례를 적용받았다 하더라도 수증자가 증여일 이후에 정당한 사유 없이 세법에서 정한 의무요건을 이행하지 않은 경우에는 증여세가 부과된다.

07
가업승계 지원제도 - 증여세편

중소기업 경영자의 고령화에 따라 생전에 계획적인 가업승계를 지원하기 위해 가업의 승계에 대한 증여세 과세특례제도가 도입됐다.

가업 상속공제는 사후에 이뤄지는 거라면 사전에 미리 가업승계를 준비하게 도와주는게 가업승계 증여세 과세 특례다. 실제 가업승계 증여세 과세특례 적용을 희망하는 법인들을 상담해보면, 가업승계 증여세 과세특례 요건조차 명확하게 파악하지 못하고 있는 경우가 있어 실제 가업승계 증여세 특례신청이 불가능한 경우도 볼 수 있다.

가업승계 증여세 과세특례 요건에 대해 알아보자.

가업승계에 대한 증여세 과세특례를 적용받기 위해서는 증여세 과세특례 적용가능한 가업요건, 가업재산 요건, 증여자 요건, 수증자 요건 네 가지 요건을 충족해야 한다.

첫번째 가업요건이다.

중소기업이 가업승계에 대한 증여세 과세특례를 받기 위해서는 직전 사업연도 매출액이 중소기업 규모 기준(400억~1,500억원) 이하이고 직전 사업연도 말 자산총액이 5,000억원 미만인 경우에 해당한다. 중견기업인 경우에는 직전 3개 사업연도 평균매출액이 5,000억원 미만인 경우에 해당한다. <u>가업은 증여자가 10년 이상 계속 경영한 기업만을 의미한다. 증여자의 경영이 중단된 경우에는 중단된 시점부터 다시 기산해야 한다.</u>

가업승계 증여세 과세특례 가능 업종을 주된 사업으로 영위해야 한다. 상속세 및 증여세법 시행령 별표에서 규정하고 있는 특례 적용 가능업종(가업상속공제 대상 업종과 동일)을 주된 사업으로 영위한 경우에만 가능하며 공제대상 업종은 한국표준산업분류에 따른 업종과 개별법률의 규정에 따른 업종으로 구분할 수 있다. 제외 업종 중에서는 대표적으로 부동산 임대업 그리고 숙박업 유흥주점업 그리고 입시학원이라든가 또는 전문직 중의 변호사 세무사 회계사 등은 제외하고 있다.

두번째 가업재산 요건이다.

<u>가업승계에 대한 증여세 과세특례 적용은 가업의 승계를 목적으로 해당 가업의 주식 및 출자지분을 증여받는 경우에만 적용 가능하므로 주식, 출자지분이 없는 개인기업은 가업승계에 대한 증여세 과세특례가 불가능하다.</u> 따라서 개인기업이 가업증여를 고려하는 경우에는 부동산 보유 여부, 가업승계 목적, 향후 회사 성장추이 등을 고려해 가장 유리한 방식으로의 법인전환을 검토, 법인으로 전환한 상태에서 가업승계에 대한 증여세 과세특례를 적용받아야 한다.

세번째 증여자 요건이다.

<u>증여일 현재 증여자의 연령이 반드시 만 60세 이상이어야 한다.</u> 증여자는 반드시 부모에 해당하는 자이어야 하며 부모가 사망

한 경우에는 조부모도 가능하다. 증여일 전 소급해 10년 이상 계속해 법인의 최대주주 등으로서 특수관계인의 주식 등을 합해 40%(상장법인 20%) 이상 지분율을 보유하면서 법인을 경영해야 한다. 이 경우 경영이라는 의미는 반드시 대표이사 재직요건을 요하지는 않으나 증여일 전 10년 이상 계속하여 해당 가업을 실제 경영한 경우에 적용된다.

네번째 수증자 요건이다.

<u>수증자는 증여일 현재 만 18세 이상으로 거주자인 자녀에 해당해야 한다.</u> 이 경우 부모가 사망해 조부모로부터 수증받는 경우에는 만 18세 이상으로 거주자인 손자, 손녀에 해당하면 된다. 증여세 과세표준 신고기한까지 가업에 종사하고 증여일부터 3년 이내 대표이사에 취임한 경우에 한해 적용가능하다.

증여자(부모) 요건	수증자(자녀) 요건
① 증여일 현재 만60세 이상 ② 최소 10년 이상기업을 경영 ③ 최대주주 등으로서 기업의 지분율 40%(상장사 20%) 이상 보유 *개인기업은 적용 불가	① 증여일 현재 만18세 이상 ② 증여세 신고기한까지 가업에 종사 ③ 증여일부터 3년 이내 대표 취임

가업승계에 대한 증여세 과세특례 적용은 창업자금에 대한 증여세 과세특례와 중복적용되지 않는 것으로 창업자금에 대한 증여세 과세특례를 적용받은 수증자는 가업승계에 대한 증여세 과세특례 적용이 불가능하다. 따라서 부모가 법인기업을 운영하는 경우로서 생전에 가업을 승계할 계획이 있는 경우에는 자녀에게 창업자금을 증여하여 특례를 적용받지 않아야 하는 점을 주의해야 한다.

세율에 대한 부분은 증여세 과세 특례는 600억원을 한도로 우선 10억원까지 공제 해준다. 10억원 공제 후 10%(과세표준이 120억원 초과시 초과금액은 20%)의 저율로 증여세를 과세한다. 이때 실질적으로 컨설팅을 진행해보면 사업무관 자산이 많은 기업들은 일반증여세가 과세가 되기 때문에 세금에 대한 리스크가 조금 더 높다. 가업주식을 증여받은 후 증여자가 사망한 경우에는 증여시기에 관계없이 상속세 과세가액에 가산하나 상속개시일 현재 가업상속 요건을 모두 갖춘 경우에는 가업상속공제도 적용받을 수 있다.

가업영위기간별 공제한도(상속·증여 공통)	
가업영위기간	공제한도
10년 이상 ~ 20년 미만	300억원
20년 이상 ~ 30년 미만	400억원
30년 이상	600억원

가업상속 공제로 인한 세금에 대한 여러 가지 절세 부분이 있을 수 있겠으나 실제로 우리나라에서 가업상속 공제를 적용받는 사례가 사실은 많지는 않다. 갑작스러운 부모님의 사망으로 인해서 상속이 발생하기 때문이다. 그렇기 때문에 가업상속 공제에 대한 조건이 안 되더라도 증여세 과세 특례를 통해서 계획적으로 후계자에게 기업을 승계할 수 있는 것이 가장 큰 장점이며 세금에 대한 절세도 충분히 누릴 수 있다.

07

상속세 완전 분석

1. 상속순위와 대습상속
2. 상속세 신고절차 및 납부방식
3. 사전증여와 보험가입을 통한 상속세 재원 마련 방법
4. 상속 개시 전 재산 처분 및 예금 인출에 대한 유의점
5. 국세청에서 어떤 경우 감정평가 하여 과세하는가?
6. 협의분할을 통한 상속세 절감 방법
7. 가업승계 지원제도 - 상속세편

01
상속순위와 대습상속

가족 중 누군가가 돌아가시면 유족은 사망자(피상속인)의 재산과 채무를 물려받는다. 법은 돌아가신 분의 누가 어떤 순서대로 상속인이 될 수 있는지를 정해두었다. 이를 상속순위라 한다. 상속순위는 피상속인이 평생 모은 재산을 무상으로 누가 가져갈 것인가 하는 문제이므로 그 중요성은 매우 크다.

법에서 정한 상속순위는 다음과 같다.

민법에 따르면 상속 1순위는 피상속인의 직계비속이다. 피상속인이란 돌아가신 분을 말하고 직계비속이란 돌아가신 분의 후손으로 자녀, 손자녀를 뜻한다. 이때 같은 순위에 있는 사람이 여러 명일 경우에는 촌수가 가장 가까운 사람이 상속인이 된다. 예를 들어 돌아가신 분에게 딸과 그 딸이 낳은 손자가 있을 경우에는 딸과 손자는 모두 상속 1순위자에 해당된다. 하지만 딸이 촌수가 더 가깝기 때문에 상속인이 된다.

상속 2순위는 피상속인의 직계존속이다. 즉 돌아가신 분의 선조로 부모, 조부모를 뜻한다. 예를 들어 피상속인이 자녀가 없는 상태에서 돌아가셨는데 부모님과 조부모님이 모두 살아계신다고 한다면, 부모님과 조부모님 모두 2순위 직계존속이지만 가장 촌수가 가까운 부모님만 상속인이 된다.

상속 3순위는 직계비속, 직계존속, 배우자가 없을 때 형제자매가 상속인이 된다. 이때 형제자매는 아버지만 같은 형제 또는 어머니만 같은 형제도 포함된다.

마지막 상속 4순위자는 직계비속, 직계존속, 배우자가 없을 때 삼촌 및 사촌 이내의 방계혈족이 상속인이 된다. 이모·삼촌·조카·사촌형제들이 모두 여기에 포함된다.

제1순위에서 제4순위 상속인 중에 정말 중요한 사람이 빠져 있다. 누구일까? **피상속인의 배우자이다.** 돌아가신 분의 배우자는 1순위, 2순위 상속인과 공동상속인이 된다. 같은 순위의 상속인이라는 뜻이다.

예를 들면, 남편이 사망했다고 가정을 하면 아내는 1순위 상속인인 자녀와 함께 공동상속인이 된다. 만약 자녀가 없는 경우라면 아내는 2순위 상속인인 시어머니·시아버지와 공동상속인이 된다. 만약 시부모님도 안 계신다고 하면 아내는 단독 상속인이 된다. 그래서 3순위자인 형제자매가 상속인이 되려면 돌아가신 분에게 배우자와 자녀·손자녀 그리고 부모님까지 모두 계시지 않아야 한다.

상속순위	공동상속인	
1순위	직계비속(자녀,손자녀)	배우자
2순위	직계존속(부모,조부모)	
3순위	형제자매	
4순위	4촌이내의 방계혈족	

상속순위에서 특수상황인 대습상속에 대해 살펴보자

대습상속이란 상속인이 될 사람이 상속 개시 전에 사망했거나 상속 결격 사유로 인해 상속권을 상실한 경우, 그 사람의 직계비속이 대신하여 상속을 받는 제도이다. 직계비속 간의 상속권 보장을 위한 중요한 장치로 작용하며, 가족 내 재산 분배의 공정성을 도모하는 제도이다. 사례를 들어 설명하겠다.

사례 1 : 부모 사망 후 손자·손녀의 대습상속

할아버지(피상속인)가 사망하였는데 아들과 딸 두명의 자녀가 있다. 그런데 아들(1순위 상속인)은 할아버지보다 먼저 사망하였다. 아들에게 자녀(손자, 손녀)가 두 명 있다. 이때 상속재산은 어떻게 될까?

▶ 원래는 할아버지의 재산을 아들과 딸이 상속받아야 하지만, 아들이 먼저 사망했으므로 아들 지분에 대해서는 대습상속이 발생한다. 아들의 자녀(손자와 손녀)가 대신하여 아들이 받을 상속분을 균등하게 나눠 상속을 받는다. 만약 할아버지의 재산이 4억원이고, 상속인이 아들과 딸 두 명이라면 원래 아들은 2억원을 상속받아야 했으므로 손자와 손녀가 각각 1억원씩 상속을 받을 수 있다.

사례 2 : 대습상속과 유류분

할아버지가 유언으로 전 재산을 둘째 아들에게 상속한다고 지정하였다. 큰아들은 먼저 사망했으나 손자와 손녀가 있다.

▶ 손자와 손녀는 대습상속권자로서 법정상속분의 유류분(법정상속분의 1/2)을 청구 가능하다. 만약 할아버지 재산이 4억원이고 손자와 손녀가 유류분 청구를 한다면, 받을 수 있는 금액은 각 5천만원(원래 아들의 몫 2억원 × 1/2 ÷ 2)이다.

대습상속은 상속인이 될 사람(원래 상속인)이 상속을 받을 수 없는 상황에서 적용된다. 유언으로 재산 분배를 지정해도, 대습상속권자의 유류분 청구권은 보장된다. 대습상속인은 반드시 원래 상속인의 직계비속이어야 하며, 다른 친족에게는 대습상속이 적용되지 않는다.

02
상속세 신고절차 및 납부방식

상속세는 피상속인이 사망하면서 남긴 재산에 대해 과세되는 세금으로, 상속이 개시된 날부터 일정 기간 내에 신고와 납부가 이루어져야 한다. 이를 올바르게 처리하기 위해 상속재산의 범위를 명확히 정하고, 적법한 절차에 따라 신고하는 것이 중요하다.

상속세 신고 의무자는 상속받은 모든 상속인 및 수유자이다. 상속인은 법정 상속인(직계비속, 배우자 등)을 포함하며, 유언으로 상속받은 사람도 포함된다.

그럼 이제부터 상속 절차에 대해 살펴보자.

상속세 신고를 하려면 무엇을 준비해야 할까? 만약 아버지께서 돌아가셨다면 먼저 구청에 피상속인의 사망신고를 해야 한다. 사망신고는 사망의 사실을 안 날로부터 1개월 이내이다.
그리고 상속세 신고를 위해 피상속인의 재산을 파악해야 한다.

part 07

피상속인의 부동산, 주식·예금 등 금융재산, 보험금, 퇴직금, 현금, 기타자산 등의 재산을 파악한다. 그리고 상속인에게 10년 이내 사전증여한 경우·상속인 외에게 5년이내 증여한 경우의 사전증여재산에 대해서도 챙겨야 한다. 재산뿐만 아니라 빚이 있는 경우 그 채무 금액도 파악해야 한다. <u>상속재산은 주민센터에서 서류를 제출하여 조회 요청할 수 있고 혹은 온라인으로 안심상속원스톱서비스 조회를 요청할 수도 있다.</u>

상속재산 중에 부동산이 있는 경우 등기이전을 해야 하는데 부동산 등기이전을 하면 취득세도 납부해야 한다. 파악된 재산을 기준으로 상속세를 신고하고 세금을 납부해야 한다. <u>상속세는 상속 개시일이 속하는 달의 말일부터 6개월 이내에 신고한다.</u>

상속세 신고는 예를 들어 2월 중순에 상속이 개시되는 경우 8월 31일까지 상속세 신고 및 납부가 완료되어야 한다. 그러면 상속세를 납부하면 상속세 신고에 대해서 신경 안 써도 될까? <u>상속세는 상속인이 신고를 하면 끝이 나는 게 아니라 과세관청이 그 세액을 결정해야 종결된다. 신고기한 내에 상속인이 상속세를 신고</u>

하면, 신고기한으로부터 9개월까지 과세관청이 그 내용을 검토하고 상속세를 결정한다. 추가적인 검토가 필요한 경우 상속세 조사 일정을 별도로 정하여 상속인에게 통지를 한다.

과세관청이 상속세를 결정했으면 사후관리가 있는데, 상속개시일로부터 5년 이내 재산이 크게 증가하는 경우 탈루 등 조사를 하게 되는데 결정된 상속재산이 30억원 이상인 경우에는 상속개시일로부터 5년까지 사후관리 대상 기간이다.

상속세 신고는 피상속인의 재산과 부채를 정확히 조사하고, 신고 기한 내에 절차를 준수하여 진행해야 한다. 신고서 작성부터 납부까지 법적 기준에 따라 처리하지 않으면 가산세 및 불이익이 발생할 수 있으므로 신중히 진행해야 한다.

이번에는 상속세 납부방식에 대해 살펴보자.

상속세는 일시에 납부하는 것이 원칙이나 일시납부에 따른 과중한 세부담을 분산시켜 일정요건이 성립되는 경우에 분할하여 납

part 07

부할 수 있다. 이 경우 2회에 나누어 내는 것을 **분납**, 장기간에 나누어 내는 것을 **연부연납**이라고 한다.

상속세 분납은 납부할 세액이 1천만원을 초과하는 때에는 신고납부기한이 지난 후 2개월 이내에 분할하여 납부할 수 있다. 납부할 세액이 2천만원 이하일 때는 1천만원을 신고납부기한 내에 납부하고 나머지 초과하는 금액을 2개월 이내에 납부할 수 있다. 납부할 세액이 2천만원 초과할 때는 그 세액의 50% 상당의 금액을 분할하여 납부할 수 있다. 상속세 신고서의 '분납'란에 분할하여 납부할 세액을 기재하여 신고서를 제출하는 때에 분납 신청이 완료되므로 별도 신청서를 제출할 필요는 없다.

상속세 연부연납은 납부세액이 2천만원을 초과하는 때에는 관할하는 세무서장으로부터 연부연납을 허가받아 일정기간 동안 분할하여 납부할 수 있다. 연부연납 신청요건은 상속세 납부세액이 2천만원을 초과해야 하고, 연부연납을 신청한 세액에 상당하는 납세담보를 제공해야 한다. 연부연납 기간은 상속인이 신청한 기간으로 하되 허가받은 날부터 10년까지 가능하다.

03
사전증여와 보험가입을 통한 상속세 재원 마련 방법

상속세는 피상속인이 사망한 후 남겨진 재산에 대해 과세되는 세금으로, 상속인의 재정적 부담을 줄이고 원활한 재산 승계를 위해 사전 대비가 중요하다. 이때 활용할 수 있는 상속세 재원을 마련해 주는 두 가지 주요 방법이 사전 증여와 보험 가입이다. 각각의 방법을 효율적으로 활용하면 상속세 재원을 미리 준비할 수 있으며, 세금 부담을 최소화할 수 있다.

사전 증여로 상속세 재원 마련

사전 증여는 생전에 상속인의 재산 일부를 자녀나 배우자 등 상속 대상자에게 미리 이전하여 상속세 부담을 분산시키는 방법이다. 사전 증여를 통해 상속재산 총액을 줄임으로써 상속세 과세 대상이 되는 재산을 감소시킬 수 있다. 배우자는 10년간 6억원, 직계비속(자녀)은 10년간 5천만원 (미성년자는 2천만원), 기타 친족은 10년간 1천만원까지는 증여세가 공제되므로 이를 활용하면 세금을 절약할 수 있다. 창업자금 증여는 5억까지는 증여세가 없다. 일반증여는 5억을 증여하면 8천만 원의 증여세가 부과된다. 창업자금 증여는 8천만 원의 증여세를 납부하지 않아도 되는 상황이니 창업을 통해서 재산을 불릴 수가 있다. 창업을 통해 불린 그 재원으로 상속세를 납부하면 가장 좋은 케이스가 될 것이다. 창업자금 증여공제는 제7장에서 다루고 있다.

보험 가입을 통한 상속세 재원 마련

종신보험은 피상속인이 사망시 상속세 납부를 위한 재원을 마련하거나, 상속인의 경제적 부담을 줄이기 위해 활용할 수 있는 유용한 도구이다. 특히, 사망보험금은 유동성이 부족한 상속재산(부동산 등)의 단점을 보완한다.

민법에서는 기본적으로 사망보험금이 상속재산에 포함되지 않는다고 보지만 세법에서는 상황에 따라 사망보험금을 상속재산으로 볼 수도 있다. 그럼 조건에 따라 달라진다는 이야기인데, 어떨 때 보험금이 상속재산이 되는 걸까?

먼저 보험에서 나오는 용어를 살펴보면 계약자, 피보험자, 수익자 순으로 되어 있다. 계약자는 보험계약을 하고 보험료를 납입해야 하는 사람을 의미한다. 피보험자는 보험금 지급사유 발생의 대상이 되는 사람을 말하는데 즉 다치거나 사망하는 대상자를 말한다. 그리고 마지막으로 수익자는 보험사고가 발생했을 때 보험금을 수령하는 사람을 의미한다.

예를 들어 계약자가 아버지, 피보험자도 아버지, 수익자는 자녀로 종신보험에 가입했다. 보험료 전액을 아버지가 불입하였다. 아버지가 사망하게 되면 자녀가 그 보험금을 받게 된다. 이럴 경우에는 아버지가 자녀에게 경제적 이득을 무상으로 이전한 결과가 되기 때문에 상속재산에 포함하여 상속세가 부과된다.

그럼 만약 계약자와 수익자를 자녀, 피보험자는 아버지인 종신보험에 가입했을 경우 아버지가 사망하게 되면 어떻게 될까? 여기서 가장 중요한 포인트는 보험료를 누가 납부 했느냐 이다. 계약자와 수익자가 자녀가 되고 피보험자는 아버지로 했을 때 보험료 전액을 자녀가 실제로 다 납부했다면, 아버지의 사망으로

part 07

인해 보험금을 자녀가 수령했을 때는 상속세가 부과되지 않는다. 이런 경우에는 보험금을 수령하여 상속세 납부 재원으로 사용하면 된다.

하지만 아무리 계약자와 수익자가 자녀라고 하더라도 실제 보험료 납부를 부모가 했다면 아버지가 사망했을 때 자녀가 받는 보험금은 상속재산에 포함된다.

사망으로 인한 보험금의 수령에 따른 부과세목			
보험계약자 (보험료 납부자)	피보험자 (망자, 피상속인)	보험수익자 (보험금 수령인)	부과세목
아버지	아버지	아들	상속세
아들 (아버지)	아버지	아들	상속세
아들	아버지	아들	과세 안됨
아버지	엄마	아들	증여세 (아버지→아들)

그럼 자녀에게 미리 현금을 증여하고 그 자금으로 보험료를 납부한 경우에는 보험금이 상속재산에서 제외될까? 그렇지 않다. 예를 들어 만약 자녀에게 5천만 원을 현금 증여하고 그 자금으로 보험료를 납입을 했더라도 나중에 보험금으로 3억 원을 수령했다면 실질적으로 자녀가 얻은 이익은 5천만 원이 아니라 3억 원

이 되기 때문에 3억 원에 대해서 증여세를 내야 한다. 따라서 종신보험에서는 보험금을 실제로 수령하는 날 수령한 보험금에 대해서 증여세를 납부해야 된다고 보면 된다.

그래서 자녀가 취업을 하면 수입이 생기니까 그 수입으로 종신보험에 가입하거나 이마저도 어렵다면 부동산을 증여하여 그 임대료나 또는 창업자금을 증여하여 창업에서 번 수입으로 종신보험에 가입하면 이 보험금은 상속재산에서 제외된다.

사망보험금은 상속세에 대한 재원을 마련하는데도 큰 역할을 하지만, 부모님이 재산보다 빚이 더 많은 경우에도 상속인들의 생계에 큰 도움을 줄 수 있다. 빚이 많아 상속을 포기하는 경우에도 사망보험금은 우리 민법에서 수익자의 고유의 재산으로 보고 있기 때문에 상속인들은 보험금을 수령할 수 있다.

이렇게 민법과 세법에서 보험금을 바라보는 관점이 다르다. 상속세는 세법에서 바라보는 관점으로 다른 상속재산과 크게 다르지 않기 때문에 상속재산에 포함하여 상속세를 부과한다고 보면 된다.

part 07

사전 증여와 보험 가입은 상속세 재원을 효율적으로 마련할 수 있는 방법이다. 사전 증여를 통해 상속세 과세 대상 재산을 줄이고, 보험을 활용해 현금성 자산을 확보함으로써 세금 부담을 줄일 수 있다.

두 가지 전략을 상황에 맞게 병행하면 상속인의 재정적 부담을 최소화하고, 원활한 재산 승계를 도울 수 있다.

04
상속 개시 전 재산 처분 및 예금 인출에 대한 유의점

상속세는 피상속인의 사망으로 발생하는 상속 재산에 부과되는 세금으로, 상속 개시 후 피상속인의 재산에 대한 정밀한 조사가 이루어진다. 상속세 납세의무자가 상속 개시 전에 재산을 함부로 처분하거나 예금을 인출하면 법적 문제와 추가 세금 부담이 발생할 수 있다. 이는 상속재산의 정확한 확인과 공정한 과세를 방해하기 때문이다. 따라서 상속세 납세의무자는 상속 개시 전 재산 처분에 신중을 기해야 하며, 법적 절차를 준수해야 한다.

상속 개시 전 재산 처분의 문제점

상속 개시 전 피상속인의 재산을 함부로 처분하거나 인출하는 행위는 다음과 같은 문제를 초래할 수 있다.

상속 개시 전에 재산을 처분하거나 은닉하면 상속재산 은닉 행위로 간주되어 형사 처벌 대상이 될 수 있다. 이는 고의로 상속세를 회피하려는 시도로 해석될 수 있다. 상속세 신고 의무 위반으로 인해 과태료와 형사 처벌(최대 2년 이하의 징역 또는 벌금)이 부과될 수 있다.

상속인 중 일부가 재산을 독단적으로 처분하거나 인출하면 다른 상속인과의 분쟁이 발생할 가능성이 높다. 상속재산 분할 협의가 이루어지지 않은 상태에서의 처분은 법적으로 무효화될 수 있다. 상속 개시 전 처분한 재산도 상속재산으로 간주되어 상속세 과세 대상에 포함된다. 예를 들어, 상속개시일 전 1년 이내에 재산종류별로 계산하여 2억원 이상인 경우, 상속개시일 전 2년 이내에 재산종류별로 계산하여 5억원 이상인 경우 상속세 계산에 포함된다. 국세청은 피상속인의 금융거래 내역을 상세히 조사하여 사망 직전의 예금 인출 내역을 확인한다. 인출된 금액을 상속인이 개인적으로 사용된 것으로 판명되면, 이는 증여로 간주되어 추가 증여세가 부과될 수 있다.

상속세 납세의무자가 주의해야 할 사항

상속재산은 상속인 간 협의를 통해 분할하며, 모든 상속인의 동의가 필요하다. 협의 없이 재산을 처분하면 다른 상속인의 법적 대응을 초래할 수 있다. 상속인이 분쟁 중이거나 재산 보호가 필요한 경우, 법원을 통해 상속재산 관리인을 선임하여 재산을 보호해야 한다.

피상속인의 사망 후 상속재산으로 간주되는 예금은 함부로 인출하지 말아야 한다. 은행에 사망 사실을 알리고 계좌를 동결한 후, 상속 절차에 따라 처리해야 한다. 금융기관은 피상속인의 예금 잔액, 인출 내역 등을 세무 당국에 신고하므로, 투명한 절차를 준수해야 한다.

상속 개시 전 피상속인의 재산을 함부로 처분하거나 예금을 인출하는 행위는 법적, 과세적 문제를 초래할 수 있다. 상속세 납세 의무자는 피상속인의 재산을 투명하게 관리하고, 상속세 신고·납부 절차를 철저히 준수해야 한다. 상속인 간의 협의를 통해 원활한 재산 승계를 도모하는 것이 중요하다.

part 07

세무주치의 가이드

추정상속재산(상증법 제15조)

피상속인이 재산을 처분하여 받은 금액이나 피상속인의 재산에서 인출한 금액, 피상속인이 부담한 채무의 용도가 객관적으로 명백하지 아니한 경우에는 아래의 요건일 경우 이를 상속받은 것으로 추정하여 상속세 과세가액에 산입한다.

① 상속개시일 전 1년 이내에 재산종류별[*1]로 계산하여 2억원 이상인 경우,
② 상속개시일 전 2년 이내에 재산종류별로 계산하여 5억원 이상인 경우
③ 피상속인이 부담한 채무를 합친 금액이 상속개시일 전 1년 이내에 2억원 이상인 경우와 상속개시일 전 2년 이내에 5억원 이상인 경우

*1) 재산종류별 : (a) 현금·예금 및 유가증권
               (b) 부동산 및 부동산에 관한 권리
               (c) a,b 외의 기타재산

05
국세청에서 어떤 경우 감정평가 하여 과세하는가?

2025년부터 상속·증여세 신고 시 재산가액 중 부동산에 대한 감정평가 대상 확대로 세금 부담이 올라갈 것으로 예상된다. 과거에는 기준시가를 활용해 상대적으로 낮은 금액으로 신고하는 것이 가능했지만, 2025년부터는 부동산을 시가에 맞게 과세하기 위해 부동산 감정평가 대상을 추가하고 범위를 확대하여 누구나 정당한 몫의 세금을 부담하도록 하였다. 이제부터 상속받은 부동산의 감정가 평가 법적 기준과 절세 전략에 대해 살펴보도록 하겠다.

감정평가란 특정 재산의 경제적 가치를 판정하여 그 결과를 가액으로 표시하는 것을 말한다. 객관적으로 평가하기 위해 전문 감정평가사가 시행하는 절차이다. 과거에는 상속·증여재산은 시가(매매가·감정가 등)로 평가하는 것이 원칙이며, 예외적으로 시가를 산정하기 어려운 경우에 보충적 평가방법인 기준시가를 적용했다. 기준시가는 공시지가를 기준으로 산정하기 때문에 시세

part 07

보다 낮은 경우가 대부분이었다. 이 같은 낮은 기준시가를 이용해 세금을 신고하다 보니 과세 형평의 문제로 이어졌다. 이를 보완하기 위해 공정하고 합리적인 세금 부과가 가능한 감정평가가 반드시 필요하다고 할 수 있다.

상증세법은 국세청이 감정평가를 통해 시가를 산정할 수 있도록 규정하고 있으며, 2020년부터 꼬마빌딩처럼 비주거용 중소규모의 건물에 대해 감정평가를 시행해 실제 세금을 부과하고 있다. 이처럼 감정평가는 납세자와 과세당국 모두에게 정확한 기준을 제공하는 역할을 한다.

최근 일부 초고가 아파트 및 호화 단독주택의 공시가격이 매매가의 절반에도 미치지 못하는 사례가 발생하고 비교 대상 물건도 거의 찾기 어렵다는 점에서 꼬마빌딩과 그 성격이 유사하다. 이에 2025년 1월 1일부터 상속증여세와 관련된 감정평가 규정이 대폭 강화되었다.

첫째, 감정평가 적용대상이 확대 되었다.

기존에는 매매 사례가 적은 비주거용 부동산 등을 중심으로 감정평가가 이루어졌지만 이제는 주거용 부동산도 감정평가 대상에 포함됐다. <u>기준시가를 적용받아 낮은 세금을 신고했던 주거용 부동산에도 실제 가치에 맞게 세금을 부과하기 위함이다.</u>

둘째, 감정평가 선정기준이 되는 신고가액과 추정 시가의 차이를 낮추었다.

기존에는 납세자의 신고가액과 국세청이 산정한 추정 시가 차이가 10억 원 이상이거나 차액의 비율이 10% 이상일 경우 감정평가를 요구했으나, <u>2025년부터는 5억 원 이상 또는 10% 이상이면 감정평가하도록 범위를 확대하였다.</u>

실제로 감정평가가 강화되면 납세자들은 신고 전에 철저한 준비가 필요하다. 상속받은 주거형 다가구주택을 기준시가로 신고하더라도 감정평가 대상이 되어 시가기준으로 세금을 재산정할 가능성이 높아졌다. 신고가액과 시가의 차이를 미리 파악해 대비하지 않으면 가산세를 포함한 추가 과세 부담을 할 수 있다.

신고 단계에서 감정평가를 활용하면 여러 가지 이점을 얻을 수 있다.

첫째, 감정평가 수수료를 신고가액에서 공제받을 수 있어 실질적으로 절세효과를 기대할 수 있으며 추가적인 부동산 평가 절차 없이 조기에 상속·증여세 결정이 가능하다.

둘째, 감정평가는 양도소득세에도 기여할 수 있다. 상속이나 증여를 통해 부동산을 취득한 경우 양도세 계산 시 취득가액은 상속·증여 당시의 평가금액이다. 취득금액이 낮을수록 양도세 부담이 커지기 때문에 감정평가를 통해 취득가액을 높게 설정하면 상속·증여세는 증가하나, 향후 해당 부동산을 양도할 때 양도소득세가 줄어드는 절세 효과를 누릴 수 있다.

06
협의분할을 통한 상속세 절감 방법

상속재산 협의분할은 상속인이 공동으로 상속재산의 분할 방식을 합의하여 재산을 나누는 절차이다. 이를 통해 상속세 부담을 최적화할 수 있다. 상속세에는 배우자 공제, 동거주택 상속공제, 금융재산 공제 등 다양한 공제 제도가 있다. 협의분할 과정에서 이러한 공제를 최대한 활용하도록 재산을 배분하면 상속세 부담을 많이 줄일 수 있다. 상속공제에 대해 알아보자.

첫 번째 배우자 상속공제이다.

배우자 상속 공제는 피상속인의 사망으로 인해 배우자가 상속받는 재산에 대해 일정한 금액을 공제하여 상속세 부담을 줄여주는 제도이다. 이는 부부가 공동으로 형성한 재산에 대한 기여를 인정해서 남은 배우자의 안정적인 생활을 보장하기 위한 것이라고 할 수 있겠다.

part 07

여기서 배우자의 의미는 법률혼 배우자를 말한다. 사실혼 배우자는 배우자상속공제를 받을 수가 없다. 배우자 공제는 최소 5억에서 30억까지 가능하다. 여기서 주의할 점은 배우자 공제가 최대 30억까지는 법정 상속권 내에서 공제된다는 뜻이다. 예를 들면 상속인이 배우자와 자녀 두 명, 상속재산이 30억 원이라고 하자. 그렇다면 30억에 대한 배우자의 법정 상속분은 7분의 3에 해당하여 법정 상속재산은 약 13억 정도일 것이다. 그런데 배우자 공제가 30억까지 가능하다고 해서 배우자가 상속 재산 30억을 전부 상속 받았을 경우, 30억 공제가 아니라 법정 상속분인 13억이 공제된다는 점을 유의해야 한다.

또한 배우자 공제 최소액은 5억 원이다. 그럼 이런 경우에도 최소 5억원은 받아야만 인정이 되는 것인가? 배우자 공제 5억 원은 기본으로 인정이 되는 것으로써 만약에 망인께서 남겨둔 재산을 배우자가 받지 않고 모두 자녀들이 받게 협의를 한다고 하더라도 기본적으로 배우자 공제 5억 원은 인정이 된다.

두 번째 동거주택 상속공제이다.

동거주택 상속공제란 피상속인과 장기간 동거하며 부양한 무주택 상속인에게 상속세 부담을 줄여주는 제도로, 주거 안정을 지원하고 가족 부양 문화를 장려하기 위해 마련된 상속세 공제 혜택이다.

피상속인과 함께 살던 주택을 상속받는 경우, 세가지 요건을 충족하면 상속 주택에 대해 최대 6억원까지 상속세를 공제받을 수 있는 제도이다.

첫째 상속개시일(피상속인이 사망한 날) 기준으로 10년 이상 계속 하나의 주택에서 거주해야 한다. 이때 상속인이 미성년자인 기간은 동거기간에 포함하지 않는다. 무주택으로 타인 집에 동거한 기간 및 1주택을 보유하면서 동거한 기간을 모두 통산하여 10년 이상 동거기간을 판단하므로 사망 당시 보유한 1주택의 보유기간은 고려하지 않는다.

둘째 상속개시일로부터 소급하여 10년이상 계속하여 1세대를 구성하면서 1세대 1주택에 해당해야 한다. 동거기간 중에 이사 등

part 07

의 이유로 일시적 2주택인 경우 1세대 1주택을 보유한 기간으로 인정받는 경우 혜택을 받을 수 있다.

셋째 상속개시일 기준으로 현재 상속인은 무주택자이거나 상속주택을 피상속인과 공동으로 보유한 자로 피상속인과 동거한 직계비속 상속인이 상속받는 주택이어야 한다. 피상속인의 배우자가 상속받는 경우에는 동거주택상속공제을 적용받을 수 없다. 다만, 대습상속에 따라 상속인이 된 그 직계비속의 배우자(며느리, 사위)에게도 공제를 허용하고 있다는 점도 알아두자.

만약 동거주택 상속공제 요건을 갖춘 상속인과 그 외 상속인이 주택을 공동으로 상속받는 경우라면, 공제요건을 충족하는 상속인의 지분에 해당하는 비율만큼 공제된다.

동거주택 상속공제는 상속세 부담을 크게 줄일 수 있는 제도이므로, 공제요건을 충족하는지 확인한 후 꼼꼼히 준비하는 것이 중요하다.

세 번째 금융재산상속공제이다.

상속재산 중 부동산등의 평가가 시가에 미치지 못하는 데 반해 금융재산은 100% 평가되기 때문에 자산간 평가의 불균형을 해소하기 위해 도입된 제도이다.

거주자의 사망으로 상속이 개시되는 경우로서 상속재산가액 중 금융재산의 가액에서 금융채무를 뺀 순금융재산의 가액이 2천만원 이하인 경우에는 전액 공제 되고 일정금액 이상부터는 20%를 적용하며, 최대 2억원까지 공제된다.

순금융재산가액	금융재산상속공제액
2천만원 이하	전액
2천만원 초과 ~ 1억원 이하	2천만원
1억원 초과 ~ 10억원 이하	순금융재산 가액 × 20%
10억원 초과	2억원

금융재산의 범위는 흔히 알고 있는 은행 예금과 적금, 보험회사의 보험금, 주식과 채권 등이다. 즉 피상속인이 은행, 보험회사, 증권회사 등을 통해 보유하고 있는 재산이 해당된다고 생각하면 된다. 반면 금융기관이 취급하지 않는 비상장주식이나 회사채도

part 07

금융재산에 포함할 수 있기 때문에 포함 여부를 판단하기 바란다.

일반적으로 거주자가 사망하면 배우자와 자녀가 있는 경우에는 최소 10억원(배우자공제 5억원 + 자녀 일괄공제 5억원), 배우자만 있는 경우에는 최소 7억원(기초공제 2억원 + 배우자공제 5억원), 자녀만 있는 경우에는 일괄공제 5억원까지는 상속세가 발생하지 않는다.

다만, 상속세는 상속개시일 당시의 보유 재산뿐만 아니라 과거에 증여한 재산까지 포함하여 계산하기 때문에 섣불리 상속세가 발생하지 않는다고 판단해 상속세를 신고하지 않아 추후 가산세까지 부담하는 일이 없도록 하자.

따라서 협의분할은 상속세 절감을 위한 핵심 전략으로, 상속인의 재산 배분을 세율, 공제 요건, 법적 요건 등을 고려하여 설계해야 한다. 전문가의 도움을 받아 공제를 극대화하고 세율 구간을 조정하면 상속세 부담을 크게 줄일 수 있다.

07
가업승계 지원제도 - 상속세편

오랜 기간 동안 영위해 온 가업이라면 자연스럽게 상속이나 승계 절차를 밟게 된다. 하지만 재산의 이동 과정에서 부과되는 상속세가 가장 큰 부담으로 느껴질 수밖에 없다. 중소 중견기업의 고충을 해결하기 위해서 정부에서는 가업 승계 지원제도를 운영하고 있다. 이번에는 가업승계 중 가업상속공제에 대해 살펴보자.

가업상속 공제는 중소기업의 기술 및 경영 노하우의 효율적 전수·활용을 통한 경쟁력 확보를 위해 원활한 가업승계를 지원하고자 하는 제도이다. 그래서 피상속인이 생전에 10년 이상 경영한 기업을 상속인에게 승계할 경우에 상속세 과세 가액에서 일정 세금을 공제받을 수 있는 제도이다. 매년 조금씩 개정이 되고 있고 큰 틀에서는 그 맥락은 동일하게 유지가 되고 있다. 개정 내용을 보면 기업경영자에게는 더 좋은 방향으로 혜택이 늘어나고 관리 요건은 완화되고 있다.

part 07

가업상속에 대한 상속세 과세특례를 적용받기 위해서는 가업요건, 피상속인 요건, 상속인 요건을 충족해야 한다.

첫 번째 가업요건이다. 직전 3년 평균매출액이 5천억원 미만인 중소기업 또는 중견기업으로서 피상속인이 10년 이상 계속 경영한 기업을 말한다. 대부분의 업종이 해당되지만 유흥업, 부동산 관련 업종을 제한하고 있다.
개인사업과 법인사업 모두 적용가능하다. 개인 사업을 법인으로 전환하여도 적용될 수 있고, 이 때 개인 및 법인 사업기간을 합산하여 10년 이상을 판단한다.

두 번째 피상속인의 요건이다. 피상속인 요건은 거주자로서 기업 전체 지분의 40% 이상을 10년 이상 계속해서 보유하고 있어야 한다. 이때 40%의 지분은 피상속인이 가진 지분뿐만 아니라 가족 등 특수 관계자의 지분 모두 합한 것을 의미한다. 피상속인은 대표이사로 오랜 기간 재직하여야 한다. 피상속인의 대표이사직을 상속인이 미리 승계 받아 사망일까지 상속인이 대표이사로 재직하는 경우 피상속인은 대표이사직에서 물러나기 전 과거에

10년 이상의 기간을 대표이사로 재직한 사실이 있어야 한다. 대표이사 재직기간은 연속된 10년이 아니라 통산 가능하며, 법인의 경우 법인등기부등본에 대표이사로 등재되어 대표이사직을 수행한 기간을 뜻한다.

마지막으로 상속인 요건이다. 상속인은 상속 개시 전에 2년 이상 재직을 하고 있어야 하고 상속개시일 현재 18세 이상어야 한다. 다음의 경우 2년 이상 가업에 종사하지 않아도 가업을 승계 받는 경우 혜택을 받을 수 있다. 피상속인이 65세 이전에 사망, 피상속인 천재지변 및 인재 등으로 사망, 상속개시일 2년 전부터 가업에 종사한 경우로서 병역·질병 등의 사유로 가업에 종사하지 못한 기간은 가업에 종사한 기간으로 본다.

피상속인(부모) 요건	상속인(자녀) 요건
① 최소 10년 이상 기업을 경영하며 대표이사로 재직 ② 최대주주 등으로서 기업의 지분율 40%(상장사 20%) 이상 보유 *개인기업, 법인기업 가능	① 상속개시 전 2년 이상 가업종사 ② 상속세 신고기한까지(6개월) 임원으로 취임 ③ 신고기한부터 2년 이내 대표 취임

가업을 물려받은 상속인은 상속세 신고기한까지(6개월) 임원으로 취임을 하고 상속세 신고기한부터 2년이내 대표이사로 취임

을 해야 된다. 상속인이 다른 사업을 하는 경우에도 피상속인의 가업을 상속받아 겸직해도 된다. 상속인의 배우자가 요건 충족 시 기업 운영은 자녀의 배우자가 해도 혜택을 받을 수 있다.

그럼 어떤 혜택이 있는지 알아보자. 가업을 경영한 기간에 따라 다르지만 30년 이상 가업을 영위하였다면 최대 600억 원을 상속재산에서 공제해 주고 있다.

가업상속공제 이후 5년 동안 지켜야 할 의무가 있다.

가업영위기간별 공제한도(상속 · 증여 공통)	
가업영위기간	공제한도
10년 이상 ~ 20년 미만	300억원
20년 이상 ~ 30년 미만	400억원
30년 이상	600억원

첫째, 상속받은 주식을 처분하거나, 대표이사로 종사하지 않거나, 주된 업종을 변경하거나, 1년 이상 휴업·폐업하거나, 조세포탈·회계부정으로 처벌 받는 일들이 없어야 한다. 단, 업종 변경에 대해 표준산업분류표상 변경 가능 범위가 중분류에서 대분류로 확대되었다. 예를 들면, 제조업이라도 기계 제조를 했으며 기계제조외 다른 제조업을 할 수가 없었는데 지금은 기계제조 외

다른 제조업도 할수 있어 제조업 대분류 내에서는 자유롭게 업종 변경을 허용하고 있다.

둘째, 가업용 자산의 40% 이상은 5년간 보유해야 된다. 셋째, 상속 개시일로부터 5년간 정규직 근로자수의 평균과 총급여액이 상속 개시일 직전 2년 동안의 평균 근로자 수와 급여의 90% 이상을 유지해야 한다.

가업상속재산에 대한 상속세 납부를 유예해 주는 제도가 2023년 처음 신설되었다. 거치기간 포함 최장 20년으로 일반상속재산의 연부연납기간보다 더 장기적으로 운영하여 가업승계를 지원하고 있다.

가업상속공제와 상속세 납부유예 제도는 가업승계 시 상속세 부담을 줄여주는 강력한 지원 제도이다. 가업의 지속성을 확보하려면 전문가와 상담하여 요건을 철저히 검토하고, 두 제도를 전략적으로 활용하는 것이 중요하다.

08

세무사가 알려주는
기타 잡학사전

1. 맞벌이 부부의 연말정산 전략
2. 해외금융 계좌 신고제도
3. 종업원분 주민세
4. 5인 미만 사업장에 적용되는 근로기준법
5. 주주총회 결의 종류와 결의요건

01
맞벌이 부부의
연말정산 전략

맞벌이 부부들이 알면 도움이 될 만한 연말정산에 대해 살펴보자. 단순히 소득이 많은 쪽으로 공제를 몰아 주어야 하는게 전부는 아니다. '맞벌이 부부의 연말정산' 어떻게 전략을 짜야 절세를 할 수 있을지 이제부터 알려드리겠다.

연말정산 대상 맞벌이 부부는 근로소득 500만원을 초과해 서로에 대해 기본공제가 불가능한 부부를 말한다. 맞벌이 부부는 가족들이 함께 사용한 신용카드, 의료비, 자녀 교육비 등을 어떻게 해야 절세효과가 있을지 고민이 많다. 맞벌이 부부의 연말정산 기본공식은 "연봉이 높은 사람에게 몰아주자" 이다. 대부분의 맞벌이 부부라면 연봉이 더 높은 사람에게 공제혜택을 몰아주면 세금을 더 많이 돌려받을 수 있다. 하지만 세부항목을 따지면 이야기가 달라질 수도 있다.

인적공제나 주택자금공제등은 연봉이 높을 수록 유리하지만, 의료비 세액공제나 신용카드 등 사용액 소득공제는 연봉이 낮을수록 유리할수도 있다. 무조건 소득이 높은 사람에게 모든 공제를 몰아주기보단 맞벌이 부부 사정에 따라 맞춤형 전략을 세워야 최대한 많이 돌려받을 수 있다.

첫째 인적공제에 대해 알아보자.

인적공제는 부양가족에 대한 공제를 말한다. 인적공제는 기본공제와 추가공제로 나뉘는데 기본공제는 본인과 배우자, 부양가족에 대해 1명당 150만원씩 공제를 해준다. 추가공제는 장애인이나 만 70세 이상인 경로우대자, 근로소득금액이 3,000만원 이하인 여성근로자, 한부모공제등에 따라 50만원~200만원을 공제해준다. 맞벌이 부부라면 부양가족 공제를 누가 할지 선택하면 된다. 보통은 소득이 많은 쪽으로 올린다. 유의할 점은 자녀에 대한 의료비 공제, 교육비 공제, 자녀가 사용한 신용카드 등은 자녀를 기본공제대상자로 등록한 사람만이 신청가능하다. 만약 두 자녀 모두를 남편이 기본공제대상자로 신청했다면, 아내는 자녀들에 대한 의료비, 교육비, 자녀세액공제 등 기타 항목에 대한 공제를 받지 못한다.

둘째 자녀세액공제에 대해 알아보자.

공제대상자녀 및 손자녀로 8세이상 자녀에 대해선 산출세액에서 자녀세액공제를 해준다. 자녀 1명당 15만원, 2명은 35만원, 3명이상은 65만원의 혜택이 있다. 2023년 까지만 해도 자녀가 두 명일때는 남편 1명, 아내가 1명에 대해 각각 자녀세액공제를 받아도 공제세액은 같았다. 그러나 2024년 소득에 대한 연말정산부터는 남편 또는 아내 한쪽으로 자녀를 몰아주어야 세액공제를 최대한 받을 수 있다.

셋째 신용카드 등 사용액에 대해 알아보자.

신용카드와 체크카드 등에 따라 공제율이 다르고, 사용 용도에 따라 공제율이 15%에서 80%까지 다양하다. 신용카드 사용 금액은 총급여액의 25%를 초과해서 사용해야 된다. 따라서 신용카드 사용 금액이 총급여의 25%가 안될 경우에는 신용카드 소득공제를 받을 수가 없다. 본인 명의의 카드는 본인만 공제 받을 수 있기에 맞벌이 부부일 경우에는 한사람의 카드로 몰아서 사용하는 것을 추천하기도 한다.

사례를 들어 3가지 경우로 설명하겠다.
첫 번째 사례는 각자의 명의 카드로 사용할 경우다.
연봉 4,000만원인 남편과 연봉 1억원인 아내가 있다. 남편은 1,800만원, 아내는 2,500만원을 각자의 신용카드로 사용했다고 가정하자. 아내는 카드 사용액이 총급여의 25%를 초과하는 금액이 없으므로 소득공제를 받을수가 없다. 남편의 경우에는 총급여의 25%인 1,000만원 초과금액중 120만원을 공제 받는다. 적용 세율이 15% 구간이라 18만원 정도 혜택을 받게 된다.

두 번째 사례는 급여가 적은 남편의 카드로 사용한 경우다.
연봉 4,000만원인 남편과 연봉 1억원인 아내가 있다. 이번에는 남편 명의의 신용카드로 몰아서 4,300만원을 사용했다고 가정하자. 남편은 총급여의 25%인 1,000만원을 초과한 금액이 굉장히 많은데 신용카드 소득공제 한도는 300만원을 적용받는다. 적

part 08

용세율 15% 구간에 45만원 혜택을 받아 남편 명의의 카드로 몰아 사용하게 되면 각자의 명의로 사용할 때 보다 27만원 더 공제받을수 있다.

세 번째 사례는 급여가 많은 아내의 카드로 사용한 경우다.
연봉 4,000만원인 남편과 연봉 1억원인 아내가 있다.
이번에는 아내 명의의 신용카드로 몰아서 4,300만원을 사용했다고 가정하자. 아내는 총급여의 25%인 2,500만원을 초과한 금액이 1,800만원, 신용카드 소득공제는 270만원을 적용받는다. 적용세율이 25% 구간이라 68만원 정도 혜택을 받는다. 아내 명의의 카드로 몰아 사용하게 되면 남편의 명의로 몰아 사용할 때보다 23만원 더 공제 받을수 있다. 여기서 체크할 내용은 두번째보다 세 번째 사례가 소득공제 금액은 더 적어도 세금 공제액이 더 크다. 적용세율이 더 높기 때문이다. 따라서 신용카드 소득공제는 총급여의 25% 초과여부와 적용세율을 적절하게 검토해야 한다.

넷째 의료비 세액공제에 알아보자. 의료비는 근로자 본인 연봉의 3%를 초과한 금액에 15%를 곱한 금액이 세액공제된다. 예를 들면 남편은 연봉이 4,000만원 아내는 연봉이 1억원이다. 의료비로 사용한 금액이 전 가족이 다 합쳐 1년에 250만원라고 가정하자. 의료비 250만원을 남편과 아내 중에서 어느 쪽으로 반영해야 될까? 의료비 250만원을 남편쪽으로 공제할 경우 4,000만원에서 3%를 초과한 금액은 120만원이다. 그 금액을 초과한 130만원의 15%에 해당하는 20만원정도 세액공제가 된다. 만약에 의료비 250만원을 아내쪽으로 공제할 경우에는 1억원의 3%는 300만원인데 의료비 사용금액이 250만원이라 의료비 세액공제는 받을수 없다. 의료비 세액공제는 기본적으로 소득이 적은 쪽이 유리하다. 의료비 지출이 많은 부양가족이라면 연봉이 적은 쪽으로 몰아주는 것이 유리하다.

02
해외금융 계좌 신고제도

6월은 해외 금융계좌 신고의 달이다.

'해외금융계좌 신고제도'란 말 그대로 해외금융계좌의 정보를 다음 연도 6월 1일부터 6월 30일까지 관할 세무서에 신고하는 제도다. 대상자는 거주자 또는 내국법인이 보유하고 있는 현금, 증권, 채권, 펀드, 보험 등 모든 해외금융계좌 잔액의 합계액이 해당 연도 매월 말일 중 어느 하루라도 5억원을 초과하는 경우다. 따라서 매월 말일 중 해외금융계좌 잔액의 합계액이 5억을 초과하는 경우 다음연도 6월 30일까지 신고해야 한다.

해외금융계좌 신고제도는 국내자본의 불법적인 해외유출과 역외소득탈루를 사전에 억제하기 위해 지난 2011년 도입됐다. 미국, 프랑스, 일본 등 주요 선진국도 해외탈루세원의 회복과 해외유출, 자본의 회수·유입을 위해 해외 금융계좌 중 역외자산의 신고제도를 시행하고 있다.

2023년도부터는 코인 같은 해외 가상자산도 신고 대상에 포함됐다. 모든 코인을 신고하는 게 아니라 해외가상자산 계좌만 신고를 한다. 가상 자산을 보관하기 위해 해외 지갑 사업자에게 개설한 지갑도 그 신고 대상에 포함된다.

신고대상 연도 종료일 현재 거주자 또는 내국법인이라면 해외금융계좌 신고 의무대상에 해당된다. 거주자란 국내에 주소를 두거나 183일 이상 거소를 둔 개인을 말한다. 거소는 주소지 외의 장소 중 상당기간에 걸쳐 거주하는 장소를 의미한다. 재외국민(대한민국 국민으로서 외국의 영주권을 취득한 자 또는 영주할 목적으로 외국에 거주하고 있는 자)중에서는, 신고대상연도 종료일 1년 전부터 국내거소기간이 182일 이하이면 해외금융계좌 신고 면제대상이 된다. 외국인도 신고대상연도 종료일 10년 전부터 국내에 주소, 거소를 둔 기간의 합계가 5년을 초과한 경우 신고 의무자에 해당된다. 계좌의 명의자와 그 계좌의 실질적 소유자가 다른 경우에는 명의자와 실질적 소유자 모두에게, 공동명의계좌의 경우 공동명의자 각각에게 신고의무가 있다.

part 08

신고 대상이 되는 해외금융 계좌로는 해외 금융회사에 개설된 예적금계좌, 증권계좌, 파생상품계좌, 가상자산계좌 등이 있다. 현금, 증권, 채권, 집합투자증권, 보험상품 등 위 신고 대상 해외 금융계좌에 보유한 모든 재산을 신고해야 한다.

여기서 해외 금융회사라 함은 국외에 소재하는 금융업, 보험 및 연금업, 금융 및 보험 관련 서비스업 및 이와 유사한 업종을 하는 금융회사를 뜻한다. 국내 금융회사가 해외에 설립된 국외 사업장만 포함하며 외국 금융회사가 우리나라에 설립한 국내 사업장은 제외된다.

신고 대상 연도 중 매월 말일 보유하고 있는 모든 해외금융계좌 잔액의 합계액이 5억 원을 하루라도 초과하면 해외금융계좌 신고 의무가 발생한다. 5억원 초과 여부는 보유 중인 모든 해외금융 계좌의 매월 말일 잔액을 원화로 환산해서 합산했을 때 그 합계액이 가장 큰 날을 기준으로 하여 판단한다. 기준일 현재 보유하고 있는 모든 해외 금융 계좌에 잔액 합계액을 신고해야 한다.

신고 방식은 납세지 관할 세무 접수, 홈택스 전자 접수 등이 있다.

만약 신고하지 않는다라면 어떤 불이익이 생길까.

해외금융계좌 신고의무자가 신고기한까지 해외금융계좌정보를 신고하지 아니하거나 과소 신고한 경우에는 미신고 또는 과소신고 금액에 과태료율 10%를 곱한 금액이 과태료로 부과된다.

당해 연도 이전에도 미(과소)신고한 사실이 확인되는 경우에는 신고의무를 위반한 연도마다 각각 과태료가 부과된다. 미신고 (과소) 신고금액이 50억원을 초과하는 경우 국세정보위원회의 심의를 거쳐 성명, 나이, 직업, 주소, 위반금액 등 이러한 인적 사항이 공개될 수 있다. 또 2년 이하의 징역 또는 신고 의무 위반 금액의 20% 이하에 상당하는 벌금이 처해지는 등 형사처벌을 받을 수도 있기 때문에 주의해야 한다.

03
종업원분 주민세

주민세 종업원분은 사업주가 종업원에게 지급한 급여 총액을 기준으로 부과되는 지방세다. 이는 사업소가 위치한 지방자치단체에 납부해야 하며, 사업장이 여러 지역에 걸쳐 있는 경우 각 사업장의 급여 총액을 기준으로 지역별로 신고 및 납부해야 한다.

과세 대상 및 면세 기준

과세 대상은 최근 1년간 해당 사업소의 종업원에게 지급한 급여 총액의 월평균 금액이 1억 8천만 원을 초과하는 사업장이다. 면세 기준은 월평균 급여 총액이 1억 8천만 원 이하인 경우에는 주민세 종업원분이 부과되지 않는다.

과세표준 및 세율

과세표준은 종업원에게 지급한 그 달의 급여 총액이다. 여기에는 봉급, 임금, 상여금 및 이에 준하는 성질을 가지는 급여로서 정기급여 외 특별수당 등 비정기적 급여의 총액 등이 포함되며, 소득세법상 비과세 대상 급여는 제외된다. 세율은 과세표준의 0.5%이다.

신고 및 납부기한, 가산세

신고 및 납부 기한은 급여를 지급한 달의 다음 달 10일까지이며 온라인 신고는 위택스 (WeTAX) 를 통해 신고 및 납부 가능하며, 오프라인 신고는 관할 시·군·구청에 방문하거나 우편, 팩스를 통해 신고서 제출 가능하다.

무신고가산세는 납부세액의 20%가 부과, 과소신고가산세는 납부세액의 10%가 부과, 납부불성실가산세는 납부세액에 미납일수와 0.022%를 곱한 금액이 부과된다.

중소기업 고용 지원 공제

part 08

중소기업이 종업원을 추가로 고용한 경우, 일정 조건 하에 과세표준에서 공제받을 수 있는 제도가 있다. 이는 중소기업기본법에 따른 중소기업에 해당하며, 공제액은 다음과 같이 계산된다.

공제액 계산식: (신고한 달의 종업원 수 - 직전 사업연도의 월평균 종업원 수) × 월 적용 급여액

월 적용 급여액: 신고한 달의 종업원 과세대상 급여액 / 신고한 달의 종업원 수

예를 들어, 신고한 달의 종업원 수가 100명이고, 직전 사업연도의 월평균 종업원 수가 86명이며, 당월 과세 급여가 2억 5천만 원인 경우:

월 적용 급여액: 2억 5천만 원 / 100명 = 2,500,000원
공제액: (100명 - 86명) × 2,500,000원 = 35,000,000원

이러한 공제를 통해 납부 세액을 줄일 수 있다.

주의사항은 주민세 종업원분은 자진 신고 및 납부 세목으로, 별도의 고지서가 발송되지 않는다. 따라서 매월 급여 지급 후 다음 달 10일까지 신고 및 납부를 철저히 관리해야 한다. 신고 및 납부를 지연할 경우 가산세가 부과되므로 주의가 필요하다.

04
5인 미만 사업장에 적용되는 근로기준법

우리나라 기업 중 소상공인 사업장은 대부분 상시근로자 5인 미만의 영세한 사업장이 많다. 원칙적으로 상시근로자 5명 이상의 사업장에 근로기준법이 적용되는 반면, 5인 미만 사업장에는 근로기준법 규정 중 몇 부분이 적용되지 않는다. 이 제도는 영세한 사업장을 보호하려는 취지와 5인 미만 사업장이라고 하더라도 근로자 보호를 목적으로 해서 일부 적용되는 규정들이 있다.

5인 미만 사업장에 적용되는 근로기준법을 알아보자.

이는 근로기준법 제11조, 근로기준법 시행령 제7조에 명시돼있다. 5인 미만 기업의 근로기준법이 적용되는 규정은 근로계약서 작성 및 교부, 해고의 예고, 휴게시간, 주휴일, 출산휴가, 육아휴직 퇴직급여, 최저임금의 효력은 적용해야 한다. 이때 근로기준법 적용 인원 기준은 임시직, 일용직, 아르바이트, 외국인 등을 모두 포함한 인원이다. 단, 대표자·파견근로자·용역근로자는 제외한다.

먼저 근로계약서 작성 및 교부에 대해 알아보자. 근로계약서 작성 및 교부 5인 미만 사업장 역시 근로계약의 체결 및 변경 시에는 근로기준법에서 정한 근로조건을 명시하고 반드시 서면으로 작성해 근로자에게 교부해야 한다. 필수 항목은 근무장소 및 업무내용 임금구성항목, 임금계산방법, 임금지급방법, 업무의 시작과 종료시간, 휴게시간, 휴일 및 연차유급휴가다. 위반 시 500만원 이하의 과태료가 부과된다.

두 번째, 해고의 예고이다. 해고의 정당한 사유가 있더라도 근로자의 생계보호를 위해 30일 전에 해고 예고를 해야 하고 30일 전에 예고를 하지 않을 경우 30일 분 이상의 통상임금을 근로자에 지급해야 한다. 해고예고 방법에는 제한은 없으나 원칙적으로 서면으로 통지해야 효력이 발생되며, 대상 근로자와 해고사유 시기를 명확히 해야 한다. 계속 근로기간 1년에 대해 30일분 이상의 평균 임금을 근로자에게 지급해야 한다. 다만 계속 근로기간 1년 미만인 근로자의 근로시간 4주 간을 평균해 1주 간의 소정근로시간이 15시간 미만인 근로자에게는 적용되지 않는다. 5인 미만 사업장에는 부당해고 및 부당해고 구제 규정이 적용되지 않고, 근로시간 제한이 없다.

세 번째, 연장·야간·휴일근로 가산임금이다. 연장, 야간 휴일근로를 하는 경우 일한 시간만큼의 통상임금을 지급할 의무는 있으나, 통상임금의 50% 가산해 지급하지 않아도 되며 연차휴가 제공 의무가 없다. 경조사나 특별휴가 등을 부여하는 것은 사용자의 재량이다.

네 번째, 최저임금의 효력은 근로자의 최저임금 수준을 정하는 것이기 때문에 당연히 모든 사업장에 적용된다. 그래서 근로자를 1명이라도 고용하고 있다면 최저임금 이상의 임금 수준을 지급해야 한다.

다섯 번째, 임금 대장의 경우에는 근로자를 관리하는 차원에서 **5인 미만 사업장이라 하더라도 작성을 해야 된다.** 그리고 2021년 11월19일부터 적용이 되고 있는 임금명세서 교부 의무가 있다. 이것도 역시 5인 미만 사업장에게도 적용된다.

임금명세서에 반드시 기재해야 할 사항은 성명·생년월일·사원번호 등 근로자를 특정할 수 있는 정보, 임금지급일, 임금 총액, 기본급·수당·상여금·성과금 등 임금의 구성항목별 금액, 출근일수·근로시간 수 등에 따라 달라지는 임금의 구성항목별 계산방법(연장·야간·휴일근로를 시킨 경우에는 그 시간수 포함), 공제항목별 금액과 총액 등 공제내역 등이다. 임금명세서를 교부하지 않거나, 기재사항 중 일부를 기재하지 않거나 사실과 다르게 기재해 교부한 사용자에게는 500만원 이하의 과태료가 부과된다.

여섯 번째, 퇴직금 규정이다. 퇴직금은 1년 이상 그리고 1주 평균 15시간 이상 근무한 경우에는 당연히 발생한다. 퇴직금을 지급하는 수준은 5인 미만 사업장과 5인 이상 사업장 간 차이가 없다. 다만 5인 미만 사업장의 경우, 퇴직금에 대한 규정이 2010년부터 있기 때문에 계산 방법에 있어 조금 다를 수 있다. 예를 들면 2010년 이전 입사자의 경우 2010년 11월 30일까지는 퇴직금이 발생하지 않는다. 2010년 12월 1일부터 2012년 12월 31일까지는 발생된 퇴직금의 50%만 지급하면 되고, 2013년 1월 1일부터 100%가 적용된다.

part 08

일부 기업은 서류상 사업장의 개수를 늘려 상시 근로자 수를 5인 미만으로 유지하는 운영 방식을 취하기도 한다. 상시 근로자를 5인 미만으로 유지하는 방식으로 근로기준법 적용을 피할 수 있는 것은 아니다. 인위적으로 5인 미만 사업장을 유지하는 과정에서 독립된 법인으로서 수행해야 할 인사노무 등의 업무를 본사가 대행하는 구조가 형성되기 쉽기 때문이다. 기업의 독립성이 인정되지 않는 경우 상시근로자 수가 5인 미만이라 하더라도 본사에 상시근로자 수와 합산해 5인 이상 규정이 적용될 수 있으며, 이는 근로기준법 위반으로 이어지므로 주의해야 한다.

05
주주총회 결의 종류와 결의요건

주주총회의 목적 사항인 결의종류와 이에 따른 요건에 대해 알아보자. 주주총회는 주주로 구성돼 상법 및 정관에 개정된 사항에 대해 의결하는 의사결정 기관이다. 이에 따라 주주총회에 상정되는 의안을 처리하기 위해 개최한다. 특히 결의사항을 처리하기 위해 주주총회 결의 종류에는 어떤 것이 있는지 알아보도록 하자.

결의종류는 주주총회의 상정된 의안의 중요도에 따라서 크게 보통결의와 특별결의, 그리고 특수결의로 나뉘며 종류에 따라 결의 요건이 달라진다. 상법 등 법이나 정관에서는 특별결의나 특수결의를 요하는 경우에는 별도로 규정하고 있으며 단순히 주주총회 결의를 요한다고 하거나 별도 결의 요건을 언급하고 있지 않은 경우에 모두 보통결의 사항이라고 보면 된다.

part 08

주주총회 결의종류

주주총회의 보통결의 사항은 상법 제368조에 규정하고 있다. 이는 회사운영에 있어 일반적인 사항을 결정할 때 적용되며, 주요 내용은 다음과 같다. 회사의 경영진인 이사 및 감사의 선임과 그에 따른 보수결정, 결산에 따른 재무제표 승인, 회사가 경영활동을 통해 얻은 이익을 주주에게 환원시켜주는 이익배당 결의, 주주총회 이장의 선임 및 총회 연기 또는 속행의 결정 등이 있으며, 그 외 상법 또는 정관이 별도로 규정한 사항임에는 모두 보통 결의의 사항이 된다. 보통결의는 일반적으로 회사의 일상적인 경영 사항에 대해 주주들의 동의를 얻는 데 사용되며, 주주들의 비교적 낮은 합의수준으로도 결의가 가능하다.

다음으로 특별결의는 상법 제434조에서 규정돼있다. 보통결의보다 높은 의결요건을 요구한다. 회사의 법적 기초에 중대한 변화를 가져오는 사항으로서 기업의 근본 규칙을 변화시키는 정관의 변경, 자본금 감소, 회사의 조직을 다시 편성하는 합병, 분할, 분할합병, 회사의 해산, 감사의 해임, 주식매수선택권 부여등 보다 엄격한 요건을 정하고 있다. 특별결의는 회사의 구조적 변화 및 경영에 중대한 영향을 미치는 사안에 대해 주주들의 높은 수준의 동의를 필요로 한다. 주주의 권리 보호와 회사 운영의 신뢰성을 확보하기 위해서다.

마지막으로, 회사에서 흔히 다루지 않는 특수결의 안건으로는 회사에 대한 이사의 책임 면제 및 주식회사가 유한회사로의 조직변경 사항 등이 이에 해당된다. 특수결의는 특별결의보다도 강화된 가장 엄격한 요건을 정하고 있다.

주주총회 결의요건

보통결의는 출석한 주주의 의결권의 과반수와 발행 주식 총수의 4분의 1 이상의 수, 특별결의는 출석한 주주의 의결권의 3분의 2 이상의 수와 발행 주식 총수의 3분의 1 이상의 수가 결의 요건이다. 그리고 특수결의는 의결권 없는 주식을 포함해 총주주 전체가 결의 요건이다.

part 08

주주는 주주총회에서 의결권을 행사함으로써 기업경영에 관여한다. 상정된 의안의 결의에는 보통결의, 특별결의, 특수결의가 있다. 결의사항에 따라 결의 요건도 달리 정하고 있다. 결의요건 계산시 법에서 제시된 모든 조건을 충족해야 한다.

법이 정한 요건보다 가중시켜 강화시킬 수는 있으나 감경해 완화하는 것은 어렵다. 출석한 주주가 가진 의결권 수가 발행 주식 총수의 4분의 1에 미달하면 주주총회 개최는 가능하다. 다만 의안을 상정해도 보통결의요건을 충족할 수 없기 때문에 안건 처리가 가능하지 않다는 점에서 개최목적을 달성할 수 없다.

알면 쓸데있는 세금 잡학사전

초판 1쇄 인쇄 | 2025년 3월 21일 (초판판_알면 쓸데있는 세법 잡학사전)
초판 2쇄 발행 | 2025년 6월 05일 (개정판_알면 쓸데있는 세금 잡학사전)

지은이 | 강신욱
펴낸이 | 강신욱
편 집 | 허연서
디자인 | 굿드림디자인

펴낸곳 | 택스토리
주 소 | 울산광역시 남구 번영로 234
전 화 | 052-227-3272
출판신고번호 | 제 370-2025-000015호
홈페이지 | http://intax.kr/
ISBN | 979-11-992989-0-3

ⓒ 강신욱 2025

※책값은 뒤표지에 있습니다.
※파본은 구입하신 서점에서 교환해드립니다.
※해당 책자는 저작권법에 의해 보호를 받는 저작물로 무단 전재와 복제를 금합니다.